Till Hartmann • Paul Jansen

Bleigießen

W0189034

Till Hartmann • Paul Jansen

Bleigießen

Eine alte mantische Kunst

und ihre Symbole

CORONA

Die Bibliografische Information der Deutschen Bibliothek:
Die Deutsche Bibliothek verzeichnet diese Publikationen in
der Deutschen Nationalbibliografie. Detaillierte bibliografische Daten sind im Internet über
http://dnb.ddb.de.abrufbar.
ISBN 13: 978-934438-39-2

Das Werk einschließlich aller Teile ist urheberrechtlich geschützt. Jede Verwertung ist ohne Zustimmung des Verlages
unzulässig. Das gilt insbesondere für Vervielfältigungen,
Übersetzungen, Microverfilmungen und die Einspeicherung
und Verarbeitung in elektronischen Systemen.

Auflage 2008
ISBN 13: 978-3-934438-39-2
© Copyright 2008 by CORONA, Hamburg
Alle Rechte vorbehalten
Satz und Layout: CORONA, Hamburg
Umschlaggestaltung: Angelina Simonik
Fotos: Till Hartmann / Paul Jansen
Printed in Germany

Inhalt

Liebe Leser,

jedes Jahr sitzen wir am Silvesterabend gemütlich zusammen und denken darüber nach, was die nächsten 365 Tage bringen werden. Dann ist es an der Zeit, die kleine silberne Pfanne in die Hand zu nehmen und etwas Blei über einer brennenden Kerze zu schmelzen. Gleich wird uns das Orakel verraten, was die Zukunft bringt. So machen es viele Menschen schon seit Generationen und noch immer ist der alte Brauch des Bleigießens sehr beliebt. Alle die dabei genauso viel Freude haben wie wir, werden in diesem Buch viele Anregungen zur Deutung ihrer Figuren finden. Über 300 Symbole sind auf den folgenden Seiten versammelt, die in einem kurzen Text und zur einfachen Orientierung in einigen Stichwörtern erläutert werden. Dazu bekommen Sie einen Einblick in die Geschichte des Bleigießens, die wir in einem eigenen Kapitel erzählen. Dabei kommt viel Interessantes zutage: Wussten Sie zum Beispiel, dass Bleigießen als ein Pakt mit dem Teufel galt, für den man auf dem Scheiterhaufen landen konnte?

Wenn der nächste Jahreswechsel noch in weiter Ferne liegt, Sie aber bei der Lektüre schon früher große Lust bekommen, selber zu gießen – seien Sie beruhigt. Es gibt noch einige andere Anlässe, bei denen das Orakel befragt werden kann. Lesen Sie es einfach nach.
Viel Vergnügen wünschen Ihnen

Till Hartmann und Paul Jansen

Das Bleigießen

Eine alte mantische Kunst

Der Wunsch, die Zukunft vorauszuahnen, besteht so lange wie der Mensch selbst. Besonders zum Jahresende, wenn ein Abschnitt endet und ein neuer beginnt, möchten wir erfahren, was uns im nächsten Jahr erwartet.

Das Wahrsagen mit Blei, auch Molybdomantie genannt, ist ein Mittel dazu. Diese alte Kunst gehört zu den grundlegenden Orakeltechniken, aus spontan gebildeten Formen, Zukünftiges zu erkennen. Sie hat eine lange Tradition, die in der Antike ihren Anfang nahm. Es finden sich Hinweise, dass bereits die Griechen und Römer Blei für Orakel verwendeten. Im alten Rom wurde auch die Bleiverhüttung zuerst in größerem Maßstab betrieben. So gab es zumindest einen guten Zugang zu dem Material. Seitdem erfüllten Bleiorakel schon viele Zwecke. Nicht selten soll dabei der Teufel im Spiel gewesen sein. Das, was uns heute zu Neujahr ein kurzes Vergnügen bereitet, brachte früher so manche arme Seele auf den Scheiterhaufen.

Mittelalter – Teufelspakt und Hexerei

»Die Wahrsagerei ist die Sünde, mit der einer sich die Kenntnis und Voraussage des Zukünftigen anmaßt, wie es

in der Zukunft liegt, was im eigentlichen Sinne in den Bereich Gottes gehört.« So verurteilte der berühmte Kirchenlehrer Thomas von Aquin 1273 in seiner »Summa theologica« die Mantik als Aberglaube und Ketzerei, denn nur Gott sei es eigen *»solche zukünftigen Dinge zu erkennen, bevor sie Wirklichkeit werden, weil sie ihm allein aufgrund seiner Ewigkeit immer wie gegenwärtig sind«.*

Wer sich also dem Orakeln zuwandte, wurde zum Ketzer. Dazu gehörte auch der Glaube, die Zukunft könne nur im Zusammenhang mit dem Rat dunkler Mächte ergründet werden. So wurde den Wahrsagern vorgeworfen, mit Dämonen, Teufeln oder bösen Geistern im Bunde zu stehen. Blei zu gießen bedeutete deshalb einen Pakt mit dem Bösen einzugehen. Und darauf stand der Tod durch Verbrennen.

Flüssiges Blei wurde aber auch verwendet, um die Ursachen von Krankheiten zu erkennen. Ärzte hielten das geschmolzene Metall in einem Löffel über die betroffenen Stellen ihrer Patienten. Danach wurde es ins Wasser gegossen und anhand der Figur bestimmt, ob die Krankheit durch Hexerei entstanden war. Bei der Diagnose half vermeintlich der Planet Saturn. Im legendären »Hexenhammer« (1487) schrieb der Dominikaner Heinrich Kramer: *»(...) weil Saturn über das Blei gebietet, so ist es seine Eigenart, dass, wenn Blei über eine Behexung gegossen wird, es durch seinen Einfluss die Behexung anzeigt.«*

Gelang dem Arzt anschließend die Heilung, half das zwar dem Patienten, dem Arzt drohte aber Ungemach. Denn, so nahm man an, wer eine durch Hexerei hervorgerufene Krankheit heilen konnte, brauchte dafür selber übersinnliche Kräfte. Es entstand schnell der Verdacht, nicht Gott, sondern der Teufel hätte dem Arzt assistiert. Wegen des unterstellten Einflusses durch einen Planeten konnte ihm zudem auch noch »astrologischer Aberglauben« vorgeworfen werden.

Und auch bei der sogenannten Feuerprobe kam flüssiges Blei zum Einsatz. Es wurde den Verdächtigen über die Hände gegossen. Blieben sie unverletzt, galt der Proband als unschuldig.

Alles in allem: Mit Blei verborgenen Dingen auf die Spur zu kommen, war ein gefährliches Unterfangen. Zum Glück sind nicht alle Zeiten so grausam.

Vom Mittelalter zur Neuzeit

Nach der dunklen Phase des Mittelalters führte möglicherweise die Erfindung des Buchdrucks im 15. Jahrhundert zur Verbreitung des Bleigießens. Aus Blei wurden die Buchstaben gesetzt und die Drucker konnten die Reste für andere Zwecke verwenden.

Bleigießen wurde zu dieser Zeit auch »Christoffeln« genannt, nach dem Heiligen Christophorus, der als Herr aller verborgenen Schätze galt. Einer Legende nach, konnte man mittels des Christoffelgebets um Hilfe bei einer Schatzsuche bitten. »Christoffeln« wurde zu einer allgemeinen Bezeichnung für die Anwendung von Magie und dann auch für das Bleigießen. Immer mehr konzentrierte sich der Brauch auf die Monate um Neujahr. So half das Bleigießen im 17. Jahrhundert Bediensteten dabei, zu erfahren, ob sie ihre Anstellung behalten würden. Im November und Dezember, zum Andreas- oder Thomastag, kündigten Herrschaften üblicherweise Dienstverhältnisse und stellten neues Personal ein.

Auch Liebesangelegenheiten wurden, wie sollte es anders sein, schon immer gerne erfragt. Dazu suchte die Gießende in den Figuren z. B. nach Werkzeugen, die einen Hinweis auf den Beruf eines zukünftigen Bräutigams geben konnten. Die dazugehörende besondere Art und Weise der Gießtechnik wurde im „Journal von und für Deutschland« aus dem Jahre 1787 so beschrieben: »Will ein Bürgermädchen wissen, was sein künftiger Gatte für ein Handwerk treibe, so lässt es (…) Bley in einem Löffel zerschmelzen, und gießt das Geschmolzene durch einen Schlüssel, in dessen Bart ein Kreutz ist (…). Macht nun hier das gegossene Bley die Form einer Scheere, so bekommt das Mädchen einen Schneider, bildet es eine Schusterahl, so wird es einem Schuster zu Theil werden usf.«

Im Laufe des 20. Jahrhunderts verschwanden dann die vielfältigen Praktiken des Bleigießens fast gänzlich. Der Brauch selbst überlebte zwar, wurde aber reduziert auf ein einfaches, offenes Jahresorakel, das nur einmal im Jahr am 31. Dezember ausgeführt wird. Auch die Sitte, mit den bleiernen Glücksfiguren zuerst den Weihnachtsbaum zu schmücken, ehe sie in der Silvesternacht eingeschmolzen wurden, ging verloren.

Warum Blei?

Blei galt lange Zeit als magischer Stoff. Es sollte Böses anziehen und festhalten, Flüche und Zaubersprüche sollten haften bleiben. Angeblich konnte es aber auch Gift absorbieren, was auf sein großes Gewicht zurückgeführt wurde. Bleisiegel wurden deshalb z. B. an Stalltüren befestigt, um das Vieh vor Dämonen zu schützen. Allgemein stand Blei für alles Schwere, das man zurücklassen wollte. Und auch Dummheit und Unverstand wurden eigenschaftlich diesem Element zugewiesen.

Alchimisten versuchten die graue weiche Materie in Gold und Silber zu verwandeln. In ihrer Lehre wurde der Stoff mit Saturn assoziiert. Saturn, so der Glaube, bindet die Menschen zwar an ihre hinderlichen Gewohnheiten und Muster und steht für ein sehr auf das irdisch-leiblich ausgerichtete Bewusstsein, liefert zugleich aber Energie zur Auflösung und Transformation von allem Gefestigten. Da Orakel immer ein Hilfsmittel waren, auf seinem künftigen Weg besser voranzukommen, bot sich Blei geradezu an.

Zudem war es ein seit der Antike verbreitetes Metall. Neben den Lettern für den Buchdruck wurden Wurfgeschosse, Siegesplaketten, Siegel, Abzeichen und Schaumünzen aus Blei gegossen. Auf Baustellen fand es als Richtblei, in der Seefahrt als Senkblei Verwendung.
Und nicht zuletzt hat es ganz praktische Vorteile beim schmelzen. Blei verflüssigt sich bei 327,5 Grad. Das ist für ein Metall ein sehr niedriger Schmelzpunkt. (Zinn, das sich auch zum Bleigießen verwenden lässt, schmilzt sogar bei 231,9 Grad. Am besten eignet sich eine Legierung aus Blei und Zinn, die schon bei 183 Grad flüssig wird.) Das machte es einfach, mit ihm zu arbeiten. Und auch am heimatliches Herd konnte und kann es schnell geschmolzen werden, um dann zur richtigen Zeit am richtigen Ort die Zukunft zu enthüllen.

Wann wurde orakelt?

Neben dem bekannten Silvesterabend gab es noch einige andere verheißungsvolle Nächte, seinem Schicksal auf die Schliche zu kommen. Als besonders galten vor allem der 30. November sowie der 21. und 24. Dezember:

In der Andreasnacht am 30. November konnten vor allem unverheiratete Frauen angeblich das Handwerkszeug ihres Zukünftigen erkennen.

Am 21. Dezember, der Thomasnacht, sollte aus den Figuren gelesen werden, zu welchem Stand ein künftiger Bräutigam gehört. Die Thomasnacht ist außerdem der kürzeste Tag des Jahres – die Wintersonnenwende. Ursprünglich fand hier das Bleigießen statt.

Ebenfalls gut geeignet, den Stand eines kommenden Geliebten zu erfahren, war vermeintlich der 24. Dezember.

Auch die sogenannten Losnächte, auch Raunächte, Internnächte oder Unternächte genannt, gelten als wegweisend für das kommende Jahr. Schon vor dem Christentum waren mit ihnen vielfältige Bräuche verbunden, wie Totenfeiern und Geisterumzüge. Durch Losspiele oder auch in Träumen konnte das Schicksal beschworen werden. Das Bleigießen wurde früher in allen Losnächten durchgeführt. Die Losnächte beginnen in einer häufigen Lesart am 24. Dezember und enden am Dreikönigstag, dem 6. Januar. Sie sind nicht einheitlich festgelegt. Regional bedingt werden teilweise unterschiedliche Daten genannt. Allerdings handelt es sich überall um 12 Nächte. Silvester bildet die Mitte, davor und danach liegen 6 Nächte, die in Reihenfolge jeweils für einen Monat des nächsten Jahres stehen. Es lassen sich also in den Losnächten Monatswahrsagungen für das nächste Jahr erstellen.

Eine Losnacht beginnt immer um 24 Uhr und geht von Nacht zu Nacht. Das heißt, wird zum Beispiel um 0.30 Uhr für einen Tag gegossen, so lassen sich auch noch um 11.30 Uhr des nächsten Abends Orakel für denselben Monat erstellen.

Je mehr die alten Traditionen mit der Zeit verschwanden, desto weniger Tage wurden jedoch für die Feiern und Spiele genutzt. Heute wird fast nur noch an Silvester Blei gegossen.

Auch die Uhrzeit, an der das Orakel stattfinden sollte, war festgelegt. Das Wasser, in das das geschmolzene Blei gegossen wurde, sollte zwischen 23 und 24 Uhr geschöpft werden. Ebenfalls zu dieser Stunde oder zwischen 0 und 1 Uhr, wenn die Geister kommen, wurde dann gegossen.

Den Spaß am Bleigießen müssen einem diese strengen Regeln aber nicht verderben. Jeder sollte das Orakeln heute nach seinen eigenen Vorstellungen befragen. Denn eigentlich ist Bleigießen ganz einfach.

Bleigießen – so wird es gemacht

Was passiert beim Orakeln?

Bleigießen bezieht sich, wie alle Orakel, auf die Assozi-ationen des Fragenden. Dabei wird versucht, die Fanta-sie so anzuregen, dass Unbewusstes, mit dem sich der Suchende bereits beschäftigt, an die Oberfläche kommt. Das Bleigießen hilft also, sich selber ein wenig auf die Schliche zu kommen und dann klarer und entschiede-ner Aufgaben, Entscheidungen oder Prüfungen anzuge-hen. Immer gilt es, daran zu denken: Jede Schicksals-offenbarung ist ein Hinweis auf mögliche Wege und bie-tet gleichzeitig die Chance, gestaltend einzugreifen und Alternativen zu wählen. Den richtigen Zeitpunkt zum Gießen erfahren Sie in unserem Kapitel über die Ge-schichte des Bleigießens.

Von Zahlen und Orten: Die Frage

Am verbreitetsten ist die allgemeine Zukunftsschau. Dabei wird keine konkrete Frage gestellt, sondern eine unspezifische Auskunft über das nächste Jahr erfragt. Daneben gibt es aber auch verschiedene Möglichkei-ten, konkrete Fragen an das Orakel zu stellen. Generell gilt: Je genauer die Frage, desto einfacher das Bestim-men des Gusses.

So können Sie nach einer bestimmten Zahl fragen, z. B. wann gibt es die besten Chancen, eine neue Liebe zu finden, oder wie viele Kinder Sie wohl bekommen werden. In unserem Beispiel fragten wir nach dem nächsten Glückstag. Die Antwort ist klar zu erkennen: Sieben Tage später sollte es so weit sein. Wenn Sie nach einem Monat suchen, sollten Sie bei einer Eins noch einmal gießen – es könnte ja der November oder Dezember gemeint sein. Das Gleiche gilt für einen Tag: Da der Monat bis zu 31 Tage hat, sollten Sie bei einer Eins, Zwei oder Drei schauen, ob der nächste Guss eine zweite Ziffer ergibt.

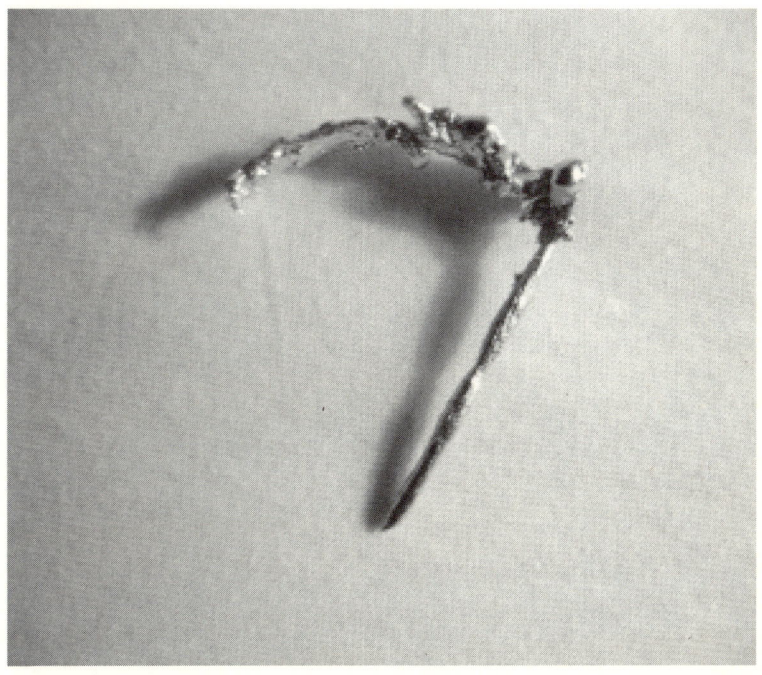

Sie wollen verreisen, wissen aber noch nicht wohin? Dann ziehen Sie doch das Orakel zurate. Wir taten es und bekamen die Antwort: Rio de Janeiro. Auf dem Foto ist die Stadt deutlich am »Zuckerhut« um dem aufgewühlten Meer zu erkennen. In diesem Zusammenhang kann natürlich auch gefragt werden, woher eine bestimmte Person kommt oder Ähnliches. Wir kennen übrigens eine Dame, die partout jedes Mal zu Silvester Sylt gießt. Noch weiß sie nicht, welches Schicksal sie mit dieser Insel verbindet. Doch irgendwann wird sich sicher auch dieses Rätsel lösen.

Buchstaben und Berufe: Mehr Beispiele für Fragen

Früher wurde das Bleigießenorakel vor allem zu Liebes-
dingen befragt. Im Kapitel zur Geschichte des Bleigießens können Sie es ausführlicher nachlesen: Junge Frau-
en versuchten an ihrem Guss zu erkennen, welchen Beruf
ihr Zukünftiger ausübt. Ein Vogel stand dabei zum Beispiel für einen Musikanten und ein kleineres Rad für einen Ingenieur.
Sie können aber auch einfach danach fragen, welchen
Beruf Sie selber oder ihr Kind ergreifen sollten.

Oder Sie erbeten sich Auskunft über einen Namen, z.
B. des nächsten oder der nächsten Geliebten. Dann sollten Sie Ihr Gussstück nach einem Buchstaben absuchen.
Einer von uns weiß jetzt zum Beispiel, dass ihm eine
schicksalhafte Begegnung mit einer Dame bevorsteht,
deren Name mit »G« beginnt. Das Foto zeigt es.

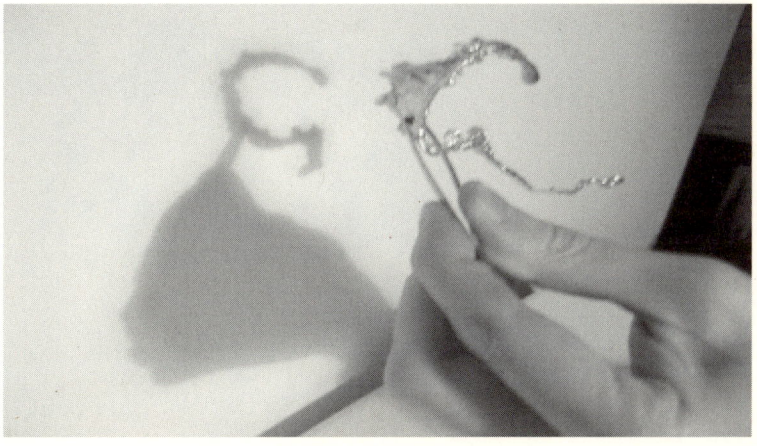

Das Gießen

Die Pfanne mit dem Bleistück wird in eine Flamme gehalten, am besten nicht zu tief, sondern da, wo sie leicht
bläulich schimmert. Dort ist die Hitze am größten. Warten Sie, bis das Blei vollständig geschmolzen ist. Lassen
Sie es ruhig ein paarmal in der Pfanne hin- und her
schwappen, als ob sie beim Backen einen noch flüssi-
gen Teig zu einem Pfannkuchen werden lassen wollen.
Wenn Sie den richtigen Zeitpunkt für gekommen erach-
ten, schütten Sie das Blei in einen Topf mit Wasser.

Die Deutung

Nehmen Sie das gegossene Stück aus dem Wasser und betrachten Sie es. Dabei gibt es mehrere Möglichkeiten: Sie halten es einfach in ihrer Hand und schauen, was es sein könnte. Oder Sie drehen und wenden es mehrmals, um allen möglichen Perspektiven Beachtung zu schenken. Als hilfreich kann sich eine Pinzette erweisen. Lassen Sie sich dabei ruhig Zeit. Nicht alles sieht man auf den ersten Blick. Auf dem Foto zeigen wir Ihnen eine Eule. Ihre Augen, die Löcher, verraten sie.

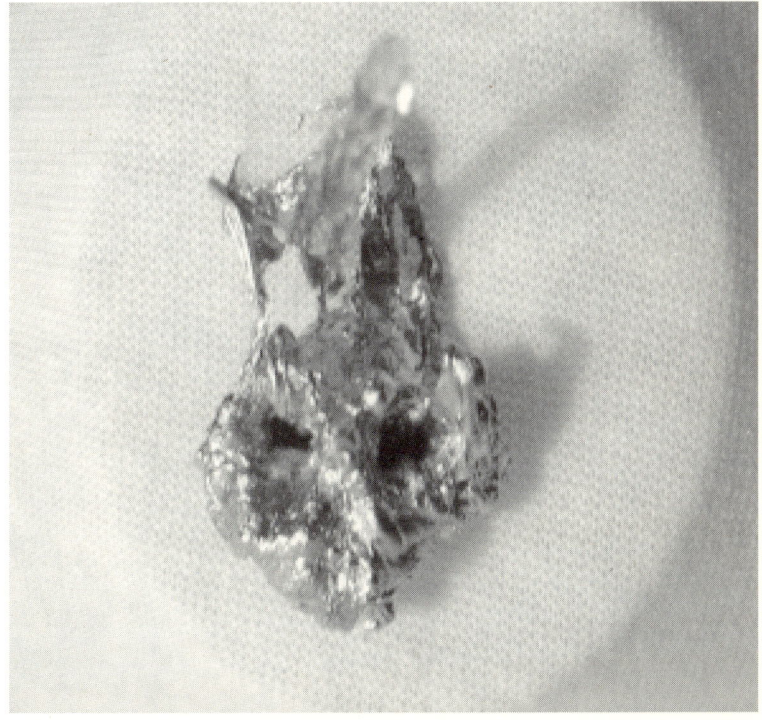

Oder Sie nehmen eine helle Lampe, es kann auch eine Kerze sein, und werfen mit dem gegossenen Gegenstand ein Schattenbild an die Wand. Manchmal werden erst dabei bestimmte Muster oder Ähnlichkeiten deutlich. In unserem Beispiel ist der Teufel ganz klar zu erkennen. Der war uns bei der ersten Betrachtung in der Hand gar nicht aufgefallen.

Letzte Tipps

Bedenken Sie bei der allgemeinen Zukunftsschau stets, dass unsere Texte lediglich Interpretationshilfen sind. Fragen Sie vor allem sich selbst oder die anderen Anwesenden, was Sie mit einem bestimmten Symbol verbinden. Nehmen Sie unsere Sätze als Ausgangsbasis, um ihre eigene Fantasie anzuregen und die gegossene Figur mit Ihrem Leben in Verbindung zu setzen. Sie können es aber auch genau andersherum machen: Assoziieren Sie zuerst selbst und lesen dann nach, was in diesem Buch zu einem Symbol geschrieben steht. Oder Sie verlassen sich ganz auf Ihre Intuition. Erst durch die eigene Einkehr entsteht ein ganz persönliches Orakel.

Sie finden ein bestimmtes Symbol in diesem Buch nicht? Dann überlegen Sie, ob es eine übergeordnete Bezeichnung gibt. Zum Beispiel führen wir nicht jede einzelne Obstsorte wie Mango, Orange oder Kiwi auf. Schauen Sie in diesem Fall also unter »Frucht«.
Vielleicht müssen Sie Ihren Begriff auch leicht vereinfachen oder verändern. Haben Sie einen Schornsteinfeger gegossen, gehört dieser zum Symbol »Schornstein«. Übrigens: Schornsteinfeger bringen Glück, weil sie früher die ersten Gratulanten nach Silvester waren. Am Neujahr kassierten die Gesellen die Jahresrechnungen.

Stehen mehrere Fragen an, oder eine Sache lässt sich nur durch Kombinationen erfahren, kann mehrmals gegossen werden. Dabei können die alten Bleigüsse wieder eingeschmolzen oder neue Glücksfiguren verwendet werden. Begriffe lassen sich auch verbinden. So haben wir einmal nicht nur ein »Boot« gegossen; es war sogar ein »Drachenboot«. Sie sehen es auf dem Foto. In diesem Fall können die Texte zu beiden Symbolen Aufschluss über die Zukunft bringen.

Ein Bleiguss zeigt zudem nicht immer nur ein einziges Symbol, es können auch mehrere verschiedene auftauchen. In so einem Fall sollten auch alle Bilder gedeutet und in einen gemeinsamen Zusammenhang gestellt werden.

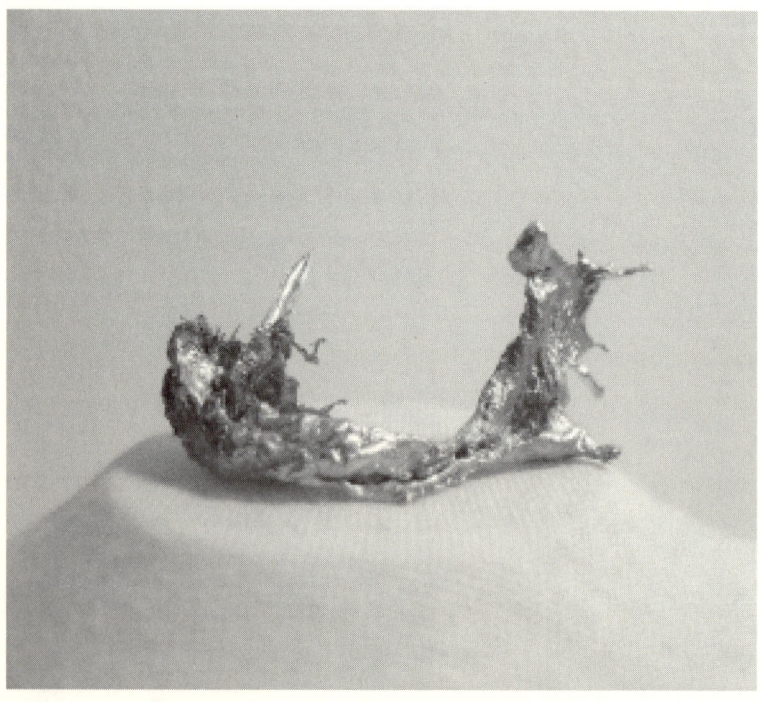

Ergibt sich in einem Fall gar keine Weissagung, befragen Sie das Orakel einfach noch einmal.

Zu guter Letzt: Denken Sie daran, dass Blei nicht ungiftig ist. Kinder sollten dabei ganz besonders vorsichtig sein. Waschen Sie sich nach dem Gießen die Hände und spülen sie Töpfe etc. sorgfältig ab. Die Figuren und auch der Löffel, mit dem gegossen wurde, sollten außerdem nicht im Hausmüll entsorgt werden, sondern mit ihren alten Batterien zum Recyclinghof gebracht werden.

Wer gerade kein Blei zu Hause hat, kann stattdessen auch mit Wachs gießen.

Nun aber los und viel Spaß!

Die Symbole

und ihre Bedeutungen
von A – Z

A

Aal

Unbeschwertheit, Triebhaftigkeit, Leichtigkeit, Distanz

Der Aal schlängelt sich leicht und unbeschwert durchs Wasser und ist dabei ganz in seinem Element. Seine Form, Glätte und Feuchtigkeit machen ihn zu einem Phallussymbol und Sinnbild sexueller Triebhaftigkeit. Er steht oft für die Sehnsucht nach mehr Leichtigkeit und den Wunsch, wie ein Fisch durchs Wasser zu gleiten, um sich aalglatt durchs Leben zu bewegen. Passen Sie auf, dass Sie sich von Ihrer Umwelt nicht zu sehr distanzieren.

Adler

Herrschaft, Kraft, Scharfsinn, überraschende Wendungen

Mächtig breitet der Adler seine Schwingen aus und betrachtet aus der Luft mit scharfem Auge die Welt. Er fliegt so hoch, dass er sich in der Nähe der Götter bewegt. So kann er für einen großen geistigen Fortschritt, aber auch für eine mächtige innere Wandlung, stehen; symbolisiert der Adler unter anderem in der Psychologie doch das Selbst. Vorsicht ist geboten: Wer dem Licht zu nah kommt, kann sich auch verbrennen und dann droht ein heftiger Absturz.

A

Ähre
Fruchtbarkeit, Erfolg, Loslösung, Reife

Die Ähre ist seit der Antike ein Fruchtbarkeitssymbol und das Attribut der Göttin Demeter. Das Christentum übertrug diese Bedeutung später auf die Heilige Mutter. Die Ähre trägt das Korn, aus dem die Hostie gebacken wird, so, wie Maria den Heiland in sich trug.
Als Erntesymbol steht sie für Erfolg. Das kann sich sowohl in materiellen als auch in zwischenmenschlichen Dingen zeigen. Das reife Korn, das aus der Ähre fällt, verweist manchmal auf die Loslösung von überkommenden Mustern. Auch der richtige Zeitpunkt für ein neues Vorhaben kann so angezeigt werden. Eine beschädigte oder körnerlose Ähre steht für Misserfolg.

Affe
Dummheit, Natürlichkeit, Spaß, Verspieltheit

Wer sich »zum Affen« gemacht hat, den finden die anderen lächerlich. Der Affe steht als unser nächster Verwandter einerseits für niedrige Entwicklung, Beschränkung und Dummheit.
Die andere Seite ist seine Beweglichkeit und Verspieltheit. Er ist ein lustiges Wesen. Als komplementäres Symbol verstanden, kann der Affe uns zeigen, was wir vielleicht

nicht oder zu wenig haben, zum Beispiel Spaß im Leben. Wünschen wir uns das nicht alle? Über Bord mit zu viel Ernsthaftigkeit, lassen Sie auch ihre »tierischen« Seiten zu!

Altar
Kraft, Erhöhung, Opfer

Am Altar sind Sie an einem heiligen Ort angekommen. Dort sammeln Sie Kraft und finden zu sich selbst. Ein geistiger Fortschritt kann die Folge sein. Doch überlegen Sie: Vielleicht ist es sinnvoll, dafür auch ein Opfer zu bringen. Nur: Die Entscheidung dazu muss von Ihnen selbst kommen.

Ameise
Zähigkeit, Geduld, Teamarbeit, Unterordnung

Die Ameise ist eine Arbeitsmaschine. Zähes und geduldiges Arbeiten wird sich auszahlen. Teamarbeit ist dabei maßgeblich. Nur so lassen sich Vorhaben umsetzen. Dafür wird erwartet, sich unterzuordnen, und zwar bis an die Grenze der eigenen Identität. Hier heißt es aufpassen. Seine Individualität sollte man nicht aufgeben.

A

Ananas – siehe Frucht

Angel
Fangen, Abhängigkeit, Auseinandersetzung mit dem eigenen Gefühl

Angeln Sie sich jemanden oder hängen Sie selbst an der Angel? Wenn Sie auf Beutezug sind, werfen Sie den Köder ruhig aus. Vielleicht machen Sie einen dicken Fang. Doch seien Sie sich auch über die andere Seite bewusst: Denn für den, der am Haken hängt, kann das eine sehr schmerzvolle Erfahrung sein. Er beißt an und kann nicht mehr entkommen, ist also ganz und gar von Ihnen abhängig. Das muss nicht immer gut sein. Sieht man das Wasser als Symbol für die eigene Gefühlswelt, kann die Angel auch das Bedürfnis bedeuten, etwas hervorzuholen und sich damit auseinanderzusetzen.

Anker
Sicherheit, Halt, Abenteuer, Aufbruch

Der Anker ist das Symbol der Seeleute und ein Zeichen für Sicherheit. Wer vor Anker liegt, ist im Hafen angekommen. Das stürmische Meer liegt hinter ihm. Wenn man das Meer mit dem See der Gefühle verbindet, der

A

Anker die Sehnsucht nach einem festen Halt in unruhigen Zeiten aus.
Aber auch Abenteuer und Aufbruch werden mit ihm verbunden. Den Anker lichtet, wer nicht mehr festliegen, sondern in See stechen will – auf zu neuen Ufern!

Apfel
Gesundheit, Stärkung, Verführung

In den Apfel zu beißen ist fast nie verkehrt. Er ist gesund, spendet Kraft und Lebensmut. Verführerisch leuchtet seine grün-rote Schale, und an seinem süßen Geschmack erfreut sich der Gaumen. Wohl dem, der durch ihn gestärkt an seine kommenden Aufgaben geht. Vielleicht deutet er aber auch auf eine besonders betörende Begegnung hin …
Doch ganz ohne Risiko ist der Genuss dann doch nicht. Denn in seltenen Fällen kann sein Saft auch bitter schmecken. Dann tritt an die Stelle der süßen Verführung die Enttäuschung.

Arm
Handeln, Macht, Kraft

Im Buddhismus und Hinduismus wird die Allmacht verschiedener Gottheiten durch ihre Mehrarmigkeit ausgedrückt. Auch das Christentum kennt den Arm als Zeichen einer über alles stehender Macht. Aus dem Himmel hinabfassend, symbolisiert er den auf der Erde eingreifenden Gott. Der Arm ist das Grundinstrument des Handelns, mit dem Gutes wie Schlechtes bewirkt werden kann. Der lange Arm des Gesetzes kann weit reichen. Schwachen kann unter die Arme gegriffen werden, aber man kann jemanden auch am ausgestreckten Arm verhungern lassen. Immer verweist der Arm jedoch auf aktives, bestimmendes Handeln, das Ihr nächstes Jahr verändern wird.

Ast

Hilfe, Unterstützung, aber auch drohender Absturz

Der Ast ist kräftig. Er gibt einem Halt und Sicherheit. Wer an ihm sägt, beraubt sich seiner eigenen Grundlagen. Bringen Sie ihn lieber dazu, dass seine Zweige austreiben und blühen. So können nicht nur Sie sich an ihm erfreuen. Besinnen Sie sich also darauf, was Ihnen Unterstützung gibt und guttut. So werden Sie gestärkt aus einer Situation hervorgehen. Und Vorsicht: Achten Sie auch darauf, welchen Ast Sie ergreifen. Ist er alt und morsch, droht er schnell zu brechen und Sie stürzen mit ihm ab.

A

Auge
Erkenntnis, Gefühl, Aufmerksamkeit

In der kommenden Zeit wird vieles klarer – das Auge hilft zu sehen. Der Blick in die Seele eines Menschen wird frei. Gefühle lassen sich deutlicher erkennen, Ihre eigenen und die von anderen. Sie sind wach und aufmerksam, um Signale aus ihrer Umgebung zu empfangen. Werden Sie sich darüber bewusst. Nutzen Sie dieses Geschenk und schauen Sie genau hin. Ihr Wissen und Ihre Neugier werden Ihnen außerdem auf dem Weg zum Erreichen eines beruflichen Ziels helfen.

Auto – siehe Wagen

Axt
Macht, Gerichtsbarkeit, Durchsetzungsvermögen

Die Axt ist ein Machtsymbol und Zeichen für die Gerichtsbarkeit. Es könnte eine wichtige Entscheidung auf Sie warten, bei der Ihre Urteilskraft gefragt ist. Andere verlassen sich dabei vielleicht auf Ihre Autorität. Handeln Sie in dieser Situation besonnen, dann wird der Weg für etwas Neues frei. Urteilen Sie jedoch zu über-

A

hastet, ernten Sie nur Unverständnis und Ablehnung. Auf keinen Fall sollten Sie diese Machtposition ohne Rücksicht auf andere zu Ihrem eigenen Vorteil ausnutzen.

B

Baby
Neuigkeit, Entwicklung, Hilflosigkeit

Etwas Neues gibt Ihrem Leben eine entscheidende Wendung. Sie werden sich umstellen müssen, um dieser Entwicklung gerecht zu werden. Dafür werden Sie mit vielen Eindrücken und einer anderen Sicht auf die Dinge belohnt. Nehmen Sie Ihren Mut zusammen und geben sie Acht, dass sie nicht hilflos vor dieser neuen Situation stehen. Sonst könnten Unsicherheit und Angst die Folge sein.

Bär
Kraft, Bedrohung, Auseinandersetzung, Weisheit

Der Bär ist ein kräftiges Tier. Seine Stärke wirkt auf andere bedrohlich. Er reißt seine Beute in Stücke und bekommt dabei eine blutige Schnauze. Kein Wunder, dass er seine Umgebung so verschreckt. In Skandinavien galt er als eine Inkarnation von Odin, den weisen und mächtigen Hauptgott in der nordischen Mythologie. So kann der Bär auf eine wichtige Auseinandersetzung hindeuten, die allerdings Opfer hinterlässt. In China ist er schlicht ein Zeichen für die Geburt eines Sohnes.

B

Ball
Ungezwungenheit, Leichtigkeit, Objekthaftigkeit, innere Widersprüche

Der Ball erinnert an ungezwungene Kindheitstage. Er ist wie ein Kind stets in Bewegung und nicht zu bändigen. Auch wenn diese Zeiten ohne Verpflichtung und Verantwortung vergangen sind, braucht es im Leben Räume für Sorglosigkeit.
Als Objekt ist der Ball passiv. Er kann so auch als Spielball anderer gedeutet werden. Nicht am Geschehen beteiligt zu werden, oder sich selbst fremdbestimmt zu fühlen, kann dahinterstecken. Ist der Ball nicht prallgefüllt, steht das für Müdigkeit oder weist auf innere Widersprüche hin. Sie müssen geklärt werden.

Banane
Lust, Spaß, Ausgelassenheit

Lust und Spaß werden mit Bananen verbunden, auch fröhlicher Unsinn. Der Ausspruch »alles Banane« steht für heiteren Gleichmut. In jedem Fall wird die nächste Zukunft ausgelassen werden, denn Bananen sind schließlich Affennahrung.

B

Bank
Ruhe, Warten, Erkenntnis

Die Bank ist ein Platz zum Ausharren, zum Ausruhen und zum Schauen. Wer sich dort hinsetzt, lässt die anderen machen. Abwarten, den anderen zuschauen, lautet die Devise, um dann irgendwann wieder aufzustehen und selber aktiv zu werden. Die Bank kann dabei zu einem Platz der Erkenntnis oder zu einem ganz romantischen Ort werden, zum Beispiel draußen unter Bäumen. Wer aber zu lange auf ihr sitzen bleibt, verpasst den Anschluss.

Baum
Wiedergeburt, Unsterblichkeit, Fülle, Erkenntnis

Sich jährlich erneuernd, symbolisiert der Baum die den Tod stets aufs Neue besiegende Wiedergeburt des Lebens oder, als immergrüner Nadelbaum, die Unsterblichkeit. Fruchtbar und mit seinem Schatten schützend, ist er ebenso ein weibliches Symbol wie Ausdruck paradiesischer Fülle. Nach oben strebend, verbindet er Kosmos und Erde. Viele Kulturen verehren den Baum als bewohnt von Göttern, mythischen Tieren und den Seelen von Verstorbenen oder Ungeborenen. Im Baum wohnt das Feuer der Erkenntnis, das sich für Sie entzünden wird.

B

Becher
Kraft, Energie, neue Erfahrungen, nachlassende Kontrolle

Aus dem Becher trinken heißt am Leben bleiben, Kraft sammeln, Leib und Seele zu neuer Stärke verhelfen. Mit der gewonnenen Energie lassen sich kommende Aufgaben besser bewältigen und mit weniger Angst in die Zukunft blicken.
Vielleicht ist der Becher aber auch mit berauschenden Flüssigkeiten gefüllt? Dann kann er für neue Erfahrungen, aber auch für nachlassende Kontrolle stehen.

Berg
Geistige Erweiterung, Übersicht, Zufriedenheit, Schutz

Dem Himmel näher, können Menschen auf einem Berg die Götter besuchen, und umgekehrt. Propheten erfahren an ihnen Erleuchtung. Die spirituelle Seite im Menschen erweitert sich, denn von seiner Spitze aus ist der Sichtkreis größer.
Als zu erklimmender Gipfel symbolisiert er die Hindernisse auf dem Lebensweg. Zufriedenheit wird sich einstellen, wenn ein Berg bezwungen wird.

B

Besen
Reinigung, Magie, Reise

Eigentlich ist er ein einfaches Werkzeug, um sauber zu machen. Doch der Besen hat auch eine magische Bedeutung als Hexensymbol. Das bedeutet zweierlei: er wird Ihnen helfen, etwas zu bereinigen. Doch achten Sie auch darauf, nicht zu penibel sauber zu machen, sonst fegen Sie auch gleich alle guten Geister mit aus dem Haus. Vielleicht verwandelt sich der Besen in Ihren Händen auch und nimmt Sie mit auf eine Reise in eine ganz andere, bisher unbekannte Welt.

Bett
Ruhe, Erholung, Glück, Fantasie, Liebe

Als Ort an dem geboren und gestorben wird, steht das Bett für den Kreislauf des Lebens. Vor allem aber symbolisiert es Ruhe und Erholung und die Suche danach. Dahinter steht vielleicht auch die Sehnsucht nach häuslichem Glück. Zum Träumen lädt es ebenso ein. Der Fantasie kann man hier freien Lauf lassen. Und die Liebe kommt natürlich auch nicht zu kurz bei diesem Zeichen.

B

Biene

Positive Zukunft, Fleiß, glückliche Kinder

Der Bienenstock brummt vor lustiger Geschäftigkeit. Die pelzigen kleinen Dinger sind ganz in ihrem Element ... und der Mensch freut sich über den leckeren Honig. Das alles verheißt eine positive Zukunft! Goldig und zuckersüß liegen die nächsten Dinge vor Ihnen und warten darauf, realisiert zu werden. Nur etwas Fleiß gehört dazu, denn ganz ohne Arbeit geht es nicht. Die eigenen Kinder entwickeln sich gut.

Birne

Liebe, Lust, Schönheit

Sie haben eine Birne gepflückt? Das verheißt Liebesglück und Liebeslust. Ihre Form symbolisiert das Ideal einer fruchtbaren Frau. Zudem ist sie eine süße Frucht. Als Attribut ordnete man eine Birne der Liebesgöttin Aphrodite zu, ebenfalls der Göttin Hera, der Gemahlin des Zeus. So steht sie besonders für weibliche Kraft und Schönheit.
Erfolg im Allgemeinen kann ebenso mit ihrer Ernte verbunden sein. Sollte die Birne wurmstichig sein, ist das eine kleine Enttäuschung.

B

Blasebalg
Energie, Trieb, Leidenschaft, Streit

Mit dem Blasebalg wird das schwache Feuer entfacht. Die Energie wird gesteigert. So hat man mehr Kraft für seine Projekte. Auch die Triebkräfte kommen in Gang. Das bedeutet mehr Leidenschaft. Aber die gibt es nicht nur in der Liebe. Auch Streitigkeiten können mit Absicht angefeuert und zur Eskalation gebracht werden. Wem nützt das? Will Ihnen jemand schaden?

Blatt
Offene Möglichkeiten, zukünftige Entwicklungen, Wissen

Hier muss man noch etwas genauer hinschauen. Um was für ein Blatt handelt es sich? Ist es beschrieben oder leer? Sind es lose Blätter oder sind es mehrere, die verbunden sind, vielleicht ein Buch?
Das leere Blatt verkörpert offene Möglichkeiten in der Zukunft. Es muss noch beschrieben werden. Finden sich Zeichen darauf, sind zukünftige Entwicklungen bereits abzusehen. Einen guten Zeitpunkt, sich neues Wissen anzueignen, zeigen mehrere zusammengefügte Blätter an.

B

Blitz
Ärger, Erkenntnis, Einschlag

Der Blitz kann eine Warnung sein, vor Ärger in der Beziehung oder im Beruf, aber auch vor Krankheit. Schöpferisch und zerstörerisch kann er Ihnen als Geistesblitz Erleuchtung in einer wichtigen Sache bringen. Auch eine Offenbarung kann dahinterstecken. Oder aber er richtet am Ort des Einschlags einen großen Schaden an. Dabei lässt sich niemals sagen, wo genau das sein wird. Doch selbst wenn es passiert: Der Ort des Einschlags selber gilt als heilig, ebenso eine Person, die getroffen wird und überlebt. So kann sich die zerstörerische Kraft also gleich wieder in etwas Heilbringendes verwandeln.

Blume
Gefühl, Liebe, Erotik, Schönheit

Die Blume drückt Gefühle aus. Ein Liebesgeständnis kann hinter ihr stecken und der Wunsch nach einer erfüllten Beziehung. Auch erotische Erlebnisse werden mit ihr verbunden. Das lateinische »deflorare« bedeutet wörtlich »pflücken«. So entstand hier ein Sinnbild für die Entjungferung. Mit den lebendigen Farben verbinden wir Schönheit und auch Fruchtbarkeit. Aber wie viele Blumen

B

haben Sie denn? Etwa einen ganzen Strauß? Das bedeutet überschwängliche Gefühle.

Bohne
Fruchtbarkeit, Glück, Abwehr von Bösem

Reichlich mit Samen versehen und schnell sprießend ist
die Bohne ein Symbol für Fruchtbarkeit. Daran angeschlossen wird sie vor allem in Japan als Glücksbringer
betrachtet. Zugleich ist sie ein Blitzableiter, der alles
Schlechte ablenken wird.

Boje
Wegweiser, Unsicherheit, richtiger Weg

Bojen sind Markierungen der Wasserstraßen. Das Wasser symbolisiert die eigene Gefühlswelt und hier ist es
hilfreich sich eine unparteiische Meinung einzuholen, um
durch momentane Unsicherheiten hindurchzukommen.
Für den Seemann zwischen zwei Küsten zeigt die Boje
den nächsten Hafen an. Das bedeutet, die offene und
vielleicht stürmische See bald hinter sich zu haben. Sie
vermittelt die Sicherheit, auf dem richtigen Weg zu sein.

B

Bombe

Überraschung, seelischer Überdruck, Befreiung

Wenn die Bombe platzt, ist die Überraschung groß. Oder der Mensch hat einen Schock bekommen? Sie verweist oft auf einen entstandenen Überdruck in der Seele und auf die befreiende Aggression. Grenzen oder Ketten sollen möglicherweise gesprengt werden. Danach kann man wieder aufatmen und tun und lassen, was man möchte. Frei nach dem Motto: »Ist der Ruf erst ruiniert, lebt es sich gänzlich ungeniert.«

Boot/Schiff

Übergang, Freiheit, Abenteuer, Oberflächlichkeit

Wer mit dem Boot unterwegs ist, befindet sich meist auf der Suche. Seine Seereise ist eine Zeit des Übergangs. Sie kann sehr abenteuerlich, voller neuer Erkenntnisse und Eindrücke sein, aber auch unruhig und stürmisch. Es geht darum, einen ruhigen Hafen zu erreichen und vielleicht auch einen neuen Anfang zu wagen.
In der Psychologie wird das Wasser oft als Symbol für das Gefühl gesehen. Wer also mit dem Boot oder Schiff unterwegs ist, schwimmt nicht durch das Wasser, er meidet die direkte Berührung mit dem Element. Deswe-

gen kann es auch als Zeichen der Angst vor einer Auseinandersetzung mit den eigenen Gefühlen gesehen werden. Doch genau die könnte die nächste Zeit bestimmen.

Brezel

Nahrung, geistige Nahrung, Würze, Abwechslung

Wie das Brot steht die Brezel für lebenserhaltende Nahrung, die auch geistiger Natur sein kann. Gesalzen gibt sie dem Leben darüber hinaus noch Mineralien und Würze. Wer eine Brezel sucht, dem ist das tägliche trockene Brot nicht genug. Es muss schon etwas mehr sein.

Brille

Wissen, gedankliche Schärfe, Weltfremdheit

Brillen stehen für Intellektualität, denn sie wurden zuerst als Lesehilfen verwendet. So bedeutet dieses Symbol Wissen, gedankliche Schärfe und manchmal sogar Weisheit. Gleichzeitig ist damit aber auch eine gewisse Weltfremdheit verbunden. Das Geistige sollte nicht der einzige Maßstab sein. Rosarote Brillen müssen abgenommen werden. Sonst verlieren Sie den Bezug zur Wirklichkeit.

B

Brot
Leben, Überleben, Spiritualität

Brot ist das wichtigste Grundnahrungsmittel. Es steht für das Überleben und spricht damit sehr elementare Bedürfnisse an. Diese sind jedoch nicht ausschließlich körperlicher Natur. Auch auf spiritueller Ebene wird Brot traditionell als nährende Substanz verstanden. Man denke nur an das christliche Abendmahl und die Eucharistie. Im Rückschluss verweist es damit auf die Spiritualität, als Teil des Menschen. Dieses Grundbedürfnis muss berücksichtigt werden.

Brücke
Verbindung, Überwindung, gefährlicher Weg

Auf zu neuen Ufern, Kontakte herstellen, Ängste und Trennendes überwinden – dafür steht die Brücke. Über sie hinweg führt ein Weg zu Menschen, zu denen die Verbindung längst abgerissen schien. Oder wartet am anderen Ende ein Unbekannter darauf, mit ihnen in Beziehung zu treten? Auch eine neue Umgebung kann dort liegen, die noch erforscht werden muss. In jedem Fall wird der Weg über die Brücke Ihr Leben bereichern. Doch Vorsicht! – Nicht jede garantiert einen sicheren Überweg. So manche ist wackelig und es gehört Mut dazu, sie zu betreten!

B

Brunnen
Glück, Gefahr, Befreiung

Der Brunnen ist als Quelle lebensspendend; zusammen mit dem Baum bildet er im Orient den traditionellen Kern eines paradiesischen Gartens. Das macht ihn zum Glückszeichen. Gefahr geht von seiner Tiefe aus. Das sprichwörtliche Kind kann in den Brunnen fallen. Sind die Schätze jedoch hineingefallen, ist man befreit. Es gilt loszulassen.

Brust – siehe Busen

Buchstabe – siehe Einleitung

Bumerang
Rückwirkung, Reue, Geschicklichkeit, Wiederkehr

Alles kommt zurück. Vielleicht ist es zu spät, einen Fehler rückgängig zu machen. Doch lernen können wir daraus immer. Und tätige Reue wirkt versöhnlich.
Als Jagdwerkzeug steht der Bumerang auch für Aggressionen und für Geschicklichkeit. Nur wer seine Kraft kontrolliert einsetzt, wird mit ihm etwas erlegen.

Schamanen verwenden ihn für rituelle Akte, zum Beispiel, um auf eine Geistreise zu gehen. Auch die Wiederkehr aus dem Jenseits wird durch die Flugbahn des Bumerangs symbolisiert. Die Dinge sind noch nicht vorbei.

Bürste
Reinigung, Pflege, Schönheit, Widerspenstigkeit

Bürsten dienen der Reinigung und der Pflege. Mit ihnen wird einerseits Ordnung in der Umgebung geschaffen, andererseits die eigene Schönheit poliert.
Übertragen soll damit ein Zustand hergestellt werden, in dem der Mensch sich wohlfühlt und den er vorzeigen mag. Stachelbürsten weisen ab. Sie verweisen auf widerspenstige Dinge, die zurzeit vielleicht zu viel Energie kosten und deshalb umgangen werden müssen.

Burg
Herrschaft, Isolation, Schutz, spirituelle Zuflucht

Allgemein ist die Burg, wie auch das Haus, ein Abbild der Seelenzustände.
Sie symbolisiert Herrschaft ebenso wie Abkapselung, Stärke, Isolation und zeigt uns damit die zwei Seiten der Macht. Gleichermaßen ist sie ein Zufluchtsort. Dahinter steckt die Suche nach Sicherheit oder mütterlichem

B

Schutz. In spirituellen Zusammenhängen bezieht sich das auf eine Zuflucht im Glauben oder bei Gott. Manchmal stellt sie auch eine Hölle voller Verliese dar, was auf innere Gefangenschaft hinweisen kann. Dann muss ein Ausbruch stattfinden.

Busch
Versteck, Schutz, Angst

In den Busch kauern wir uns, um uns zu verstecken – doch wovor? Was oder wer macht uns Angst? Es gilt, diese Frage für sich zu beantworten, um die schützenden Sträucher zu verlassen und endlich wieder aufrecht des Weges zu gehen. Die Furcht vor einer bestimmten Begegnung muss man hinter sich lassen.

Busen
Sexuelle Wünsche, Sehnsucht, Mütterlichkeit

Angeblich wird von keinem Körperteil öfter geträumt: Der Busen verweist auf sexuelle Wünsche. Vor allem aber steckt dahinter die Sehnsucht nach Vertrauen, Wärme und Ruhe – mütterlicher Geborgenheit.
»Am Busen sein« beschrieb bei den alten Germanen nahe Verwandtschaftsgrade. Die Busenfreundin ist uns also so nah wie eine Schwester, die auch so zu behandeln ist.

C

Chamäleon
Falschheit, Unbeständigkeit, Uneigenständigkeit

Zwar gilt das Chamäleon in Afrika vielerorts als sonnenhaft und wird damit göttlich verehrt, in unseren Breiten steht es jedoch für die Fähigkeit, sich allen Umständen anzupassen. Das bedeutet auch Unbeständigkeit und manchmal sogar Falschheit. Immer die Farben wechselnd, fehlt ihm ein eigener Charakter. Wer sich wie ein Chamäleon verhält, ist für andere nur schwer erkennbar und schwächt damit seine Beziehungsfähigkeit. Für einen Buddhisten kann ein Chamäleon ein positives Zeichen sein. Seine Ichlosigkeit gilt als ein hohes Ideal im buddhistischen Glauben. Dem kommt man ein Stück näher.

D

Dämon
Täuschung, Leid, Unglück, Angst

Dämonen verfügen über übermenschliche Kräfte und sind die Agenten von Leid und Unglück. Die Angst vor den eigenen Abgründen kann sich hinter ihnen verstecken. Dämonen sind oft halb Mensch halb Tier. Als unberechenbare Mischwesen versinnbildlichen sie so die dunklen Seiten der menschlichen Natur.
Im Christentum sah man sie früher als Gesellen des Teufels. So kommt auch heute noch mancher Dämon im Gewand eines Engels daher. Dieser Täuschung sollte man nicht erliegen.

Diamant
Klarheit, Zuneigung, Reichtum, Eitelkeit, Härte

Wertvoll ist der Diamant nicht nur im materiellen Sinne; er steht ferner für Klarheit und seelische Ganz- und Reinheit. Sein strahlender Glanz macht ihn einzigartig. So könnte er viel Edles und Reines in ihr Leben bringen.
In unserer Kultur steht der Diamant meist für Reichtum. In Acht nehmen sollten sie sich vor seinen nicht so glänzenden Seiten. Denn wer den Diamanten in der Hand hält, neigt leicht zu unnötiger Distanz und Härte. Stoßen sie andere Menschen damit nicht vor den Kopf.

D

Deckel
Zusammenpassen, Zuversicht, Verdecken

»Zu jedem Topf passt ein Deckel.« Zusammenpassen, zusammengehören, darum geht es bei diesem Zeichen. Es ist ein positives, zuversichtliches Symbol, denn hinter der Volksweisheit steckt der Glaube an die Möglichkeiten und die Machbarkeit des Lebens. »Das wird schon ...«, möchte man sagen.
Andrerseits ist der Deckel ein Verschluss. Was soll darunter verschwinden, was verdeckt werden?

Degen – siehe Schwert

Delfin
Glück, Liebe, Rettung, Harmonie

Der Delfin ist ein Glücksbringer. Er verkörpert Lebensfreude, Freundschaft und Einklang. Schon bei den Griechen galt er als gottesähnlich. Bei den frühen Christen war er ein Symbol für den Heiland selbst. In einigen esoterischen Schulen glaubt man, dass in Delfinen Engel inkarniert sind, die Himmel und Erde verbinden. Legenden erzählen von in Not geratenen Seeleuten, denen Delfine halfen und sie vor dem Ertrinken bewahrten. Menschenfreundlich, intel-

D

ligent, schnell und beweglich bringt er Rettung in der Not und Harmonie im Leben – ein durchweg positives Zeichen.

Dolch

Schutz, Abwehr von Dämonen, Feigheit

Keine Frage: Manchmal braucht man einen Dolch, um sich selbst zu schützen und so die nötige Sicherheit in unbekannter Umgebung zu haben. Doch sollte er nicht als hinterhältige Waffe benutzt werden. Auch bei einem unliebsamen Feind ist ein Stoß in den Rücken feige. Schauen Sie ihrem Gegner lieber aufrecht ins Gesicht und suchen Sie die offene Auseinandersetzung.
Im tibetanischen Buddhismus gilt der Dolch auch als Abwehrwaffe gegen Dämonen und wird zur Umwandlung negativer Kräfte genutzt.

Drache

Lebenskraft, Freude, Glück, Dunkelheit

Der Drache ist je nach Kulturkreis ein Glücksbringer oder ein Sinnbild des Bösen. Während er in Europa und Vorderasien als Geschöpf der Finsternis gesehen wird, ist er im Osten ein Symbol für Stärke und Güte. Er verfügt

D

über magische Kräfte, die eine große Anziehung und Inspiration auslösen – aber auch überzogenen Stolz und Eifer bis zum Fanatismus begünstigen können.

Das Symbol des Drachens weist auf Lebenskraft und Freude hin. Für den, der unter seinem Zeichen steht, ist das Leben wie ein Meer aus Farben und ständiger Aktivität.

Dreieck

Geistige Klarheit, familiäre Konflikte, Ganzheitlichkeit

Ein Dreieck ist mit vielen Bedeutungen verbunden. Als geometrische Form ist es ein Abbild logischer Zusammenhänge. Zudem treffen jeweils zwei Flanken in einem Winkel zusammen. Gleichzeitig bildet sich das Denkmuster von These, Antithese und Synthese im Dreieck ab. Das alles verweist auf geistige Klarheit und Scharfsinn.

Die drei verbundenen Teile können aber auch familiäre Konflikte ansprechen, denn Vater, Mutter und Kind sind ebenfalls eine zu jeder Seite gleichermaßen verbundene Einheit.

Nicht zuletzt verweist das Dreieck auch auf die Ganzheitlichkeit von Körper, Geist und Seele, auf die gilt es hinzuarbeiten. Die beste Voraussetzung, um sich wohl zu fühlen.

E

Ei
Neue Ideen, gute Chancen, Zerbrechlichkeit

Das Ei steht für ein noch nicht geschlüpftes Junges. Das bedeutet, neue Ideen und Chancen sind schon da, jedoch noch nicht ganz entwickelt. Sie brauchen noch etwas Zeit, um stark genug für die Welt zu sein. Ein Ei ist sehr empfindlich. Es kann leicht zerbrechen. Es ist daher notwendig, vorsichtig und aufmerksam zu sein. Achten Sie auf sich und andere!

Eichhörnchen
Voraussicht, Fürsorge, Neugierde

Eichhörnchen überstehen den Winter, indem sie rechtzeitig Vorräte anlegen. Das erinnert daran, vorausschauend zu planen, um kommenden Schwierigkeiten gut begegnen zu können. Auch ein fürsorglicher Zug liegt darin begründet und verweist auf einen ausgeprägten Familiensinn, der sich vielleicht bald auszahlt. Die Neugierde des Eichhörnchens steht für Offenheit und Ideen.

E

Eidechse

Regeneration, Sonnenanbetung, Triebe, geistige Beweglichkeit

Im Mittelalter galt die Eidechse als Zeichen der Regeneration, hat sie doch die Fähigkeit, sich immer wieder zu häuten. So wurden ihr besondere Heilkräfte zugesprochen und sie landete in den Suppentöpfen der Zauberer.

Mit ihrem kalten Blut treffen wir sie zumeist dort an, wo die Sonne scheint. Vielleicht ist das auch der richtige Platz für Sie?

Sie gilt außerdem als eine Verkörperung des Unbewussten und kündigt Vorahnungen an. Als kleiner Drache steht sie dabei manchmal für die Angst vor unkontrollierbaren Trieben. Ihre flinken Bewegungen versinnbildlichen aber auch geistige Beweglichkeit.

Eimer – siehe Topf

Elefant

Stärke, Gelassenheit, Dickhäutigkeit

Mit seinem mächtigen Körper, seiner ruhigen Bewegung und geduldigen Art strahlt der Elefant Kraft und Gelassenheit aus. Damit lassen sich Probleme leichter lösen. Bei Frauen symbolisiert er manchmal die Sehnsucht nach einem starken, einfühlsamen Partner.

Er kann aber auch ein Zeichen für mangelndes Feingefühl sein. Als sprichwörtlicher »Elefant im Porzellanladen« sollte man etwas sensibler mit seinen Mitmenschen umgehen.

Elfen – auch Elben oder Alben
Natürlichkeit, Schönheit, Unschuld, Unbewusstes

In der nordischen Mythologie sind Elfen Lichtgestalten und Naturgeister. Sie zu achten heißt, die Magie der Natur zu schützen und dadurch ihre Schönheit in sich aufzunehmen. Naturzustände stehen für Reinheit und so symbolisieren Elfen auch Unschuld.

Als Alben suchen sie den Schlafenden im Albtraum heim und verweisen auf die dunkleren Seiten der Seele, die man nicht verleugnen sollte.

Ellipse
Umkreisung, Distanz

In Ellipsen umkreisen Planeten die Sonne, ohne sie je zu berühren. Nur wer seine eingefahrenen Flugbahnen ändert, kommt seinem Ziel näher.

E

Engel
Schutz, Glück, Harmonie

Wem der Engel erscheint, der braucht sich vor dem Kommenden nicht zu fürchten. Das Himmelsgeschöpf hält seine schützende Hand über Sie und kann auch manchen Wunsch erfüllen. Glück ist Ihnen beschieden! Doch sollte man sich auf den Helfer nicht zu sehr verlassen. Auch ein Engel will sehen, dass der eigene Verstand gebraucht wird und man bereit ist, selber etwas zu tun. Hören Sie auf Ihre inneren Wünsche und helfen Sie mit, dass sie in Erfüllung gehen. So werden Sie mit sich zufrieden sein und gemeinsam mit Ihrem Engel eine harmonische Zeit verbringen.

Ente
Festlichkeiten, Ortswechsel, Klatsch

Im nächsten Zimmer könnte der Festschmaus warten. Als Braten kündigt die Ente eine kommende Feier an. Oder vielleicht findet sie schon statt?
Zu Land wirkt dieser Vogel manchmal wie eine »lahme Ente«, denn Wasser ist sein Element. Vielleicht war eine jüngere Veränderung nicht optimal? Das gewohnte Umfeld kann stagnieren. Die Zeitungsente entsteht, wenn zuviel Klatsch im Umlauf ist. Solchem Geschnatter sollte man keine Beachtung schenken.

E

Esel

Dummheit, Starrsinn, Beharrlichkeit, Genügsamkeit

Den Esel kennen die europäischen Märchen und Sagen vor allem als Tier der Dummheit und Sturheit. Im Gleichnis verhungert er, weil er sich nicht zwischen zwei gleich großen Heuhaufen entscheiden kann. Im antiken Orient wurden Esel auch als zwitterhafte Gottheit, Totemtiere und Verkörperungen eines Dämons angesehen. Die Rückseite seines Starrsinns ist Beharrlichkeit und Genügsamkeit. Auch sie führt zum Ziel.

Eule

Erkenntnis, Weisheit, Tod, Hexen

Die Eule der »Minerva« beginnt ihren Flug in der Dunkelheit und erkennt auch in ihr noch die kleinsten Bewegungen. Früher glaubte man, sie sähe auch das Unsichtbare und die Schatten der Zwischenwelten. So symbolisiert die Eule Erkenntnis und Weisheit.
Als Nachttier, und zudem klagend schreiend, wurde sie zur Todesbotin. Sie zeigt uns ein Ende an, vielleicht auch nur von einer liebgewonnnen Gewohnheit. Außerdem sind Eulen ständige Begleiter von Hexen und Zauberern.

E

Euter
Mütterlichkeit, Fruchtbarkeit, Glück, das Teilen

Das am Euter trinkende Kalb war bereits in antiken Darstellungen ein Sinnbild für Mütterlichkeit. Der durch ihn versorgte Nachwuchs weist auf Fruchtbarkeit hin. Als nährende Quelle ist das Euter zudem ein allgemeines Glückssymbol. Manchmal steckt hinter diesem Zeichen auch eine Vorwarnung, den eigenen Besitz in Zukunft teilen zu müssen.

F

Fackel
Veränderung, neue Ideen, Geheimnisse

Wie alle Lichtsymbole ist auch die Fackel brennende mit dem Leben, verlöschende mit dem Tod und als erhellende Flamme mit der Erkenntnis verbunden. Ist sie erloschen, muss das aber keinen körperlichen Tod bedeuten. Oftmals können dahinter auch Ideen, Projekte oder Ähnliches stehen, die verglimmen.
Fackeln weisen auch auf Veränderungen im Wesen hin. Als starke, kraftvolle und ursprüngliche Lichtquelle stehen sie für die Fülle an neuen Ideen. Mit der Fackel in der Hand betritt man das dunkle Labyrinth und kommt verborgenen Geheimnissen auf die Spur.

Fächer
Negative Energien, Flirt, Aufmerksamkeit

Der Fächer hilft uns, die Hitze zu vertreiben. Das kann auch bedeuten, negative Energien aus seiner Umgebung fernhalten zu wollen. Ein Fächer kann aber noch viel mehr. Subtile Botschaften lassen sich durch ihn vermitteln. Allerdings sollte man die nicht zu ernst nehmen. Denn ein Flirt ist nur ein Flirt. Hat eine Frau einen Fächer, möchte sie im Mittelpunkt stehen.

F

Fahne – auch Flagge
Kampf, Orientierung, Niederlage

Im Krieg diente sie früher als Orientierungspunkt für die eigenen Truppen. So könnte sie auch Ihnen in einer schwierigen Auseinandersetzung helfen. Oder läuft es doch darauf hinaus, dass Sie die weiße Flagge schwenken müssen und aufgeben? Sie könnten allerdings auch mit wehenden Fahnen untergehen. Das wäre immerhin ein heroisches Ende. Hauptsache, Sie begehen keine Fahnenflucht. Das wird man Ihnen Übel nehmen!

Fahrrad
Leichtigkeit, Anstrengung, Leistung, Selbstvertrauen

Durch die Gegend zu radeln, ist ein Ausdruck von Freizeit und Leichtigkeit. Manchmal steckt der Wunsch nach weniger Beschwernis im Leben dahinter.
Auf dem Fahrrad strampelt man sich aber manchmal auch ab. Das bedeutet einerseits Anstrengung, andrerseits erreicht man seine Ziele aus eigener Kraft. Selbstvertrauen und Unabhängigkeit werden dadurch gestärkt. Die Leistung wird sich lohnen.

F

Falke
Aggressivität, Geschick, Erfolg, Freiheit

Falken sind in allen Kulturen als edle Tiere verehrt worden. Im alten Ägypten waren sie göttlich. In Europa schmückten sich Könige und Adlige mit ihnen. Diese Attribute, seine Aggressivität und sein Geschick beim Jagen machten den Falken zu einem Zeichen für Erfolg. Ebenso steht er für den Wunsch nach Freiheit und die Loslösung vom Alltag. Hochfliegend überblicken sie die niederen Geschehnisse.

Fass
Wohlstand, vergebliche Mühe, Armut

Wie sieht Ihr Fass genauer aus? Allgemein dienen Fässer der Lagerung größerer Mengen, meist von Lebensmitteln. Damit kann auf Vorsorge, Sicherheit und Wohlstand verwiesen werden. Ist es jedoch ein Fass ohne Boden, sollte einen dies warnen. Vergebliche Mühe könnte am Ende einer langen Arbeit stehen. Ein leeres Fass kündigt manchmal Armut an.

F

Faun – auch Satyr oder Pan
Triebhaftigkeit, Fruchtbarkeit, gute Erträge

Mit seinem menschlichen Oberkörper, Hufen und einem Schwanz ähnelt der Faun äußerlich in vielen Darstellungen dem Teufel. Er ist ein Gott der freien Natur. Halb Mensch, halb Bock, zeichnet ihn als triebhaftes Wesen aus. Bevorzugt stellt er den Nymphen nach. Er bringt Fruchtbarkeit, seiet gewarnt! Der 15. Februar ist sein Festtag. Außerdem schützt er Vieh und Äcker und sorgt dadurch für gute Erträge.

Faust
Aggression, Wut, Durchsetzungsvermögen

Die geballte Faust in der Tasche ist ein Zeichen von Wut. Eine erhobene Faust kann sowohl Triumph als auch Widerstand bedeuten. In jedem Fall geht es um Aggressionen. Es ist nicht gut, sie aufzustauen. Das führt irgendwann zu unkontrollierten Ausbrüchen. Aggressionen sind aber nicht nur negativ. Man braucht sie auch, um sich durchzusetzen. Nur sollten sie in gelenkten Bahnen gehalten werden.

F

Fee
Schicksal, Glück, erfüllte Wünsche

Die »Fee« ist etymologisch mit dem lateinischen Begriff »fata« verwandt, welches wiederum das deutsche Wort »fatal« hervorgebracht hat. Das von außen bestimmte Schicksal ist ursprünglich damit gemeint. Die Feen bescheren es, im Guten und, oft vergessen, ebenso im Schlechten. Denn Feen können den Menschen auch schaden. Und weil sie keine Seelen haben, macht es ihnen nicht einmal etwas aus. In unseren Zeiten und Breiten bedeuten sie jedoch zumeist, dass einem das Glück hold ist und sich Wünsche erfüllen.

Fels
Hindernisse, Erfolg, Unerschütterlichkeit, Härte

Felsen und Steine symbolisieren oft Hindernisse. Manchmal scheinen sie unüberwindlich; man beißt sich an ihnen scheinbar die Zähne aus. Wer sie schließlich überwindet, hat sich seinen Erfolg dann aber voll und ganz verdient.
Ein Fels ist solide. Unerschütterlich steht er in der Natur und trotzt jedem Unwetter. Auch mit Beharrlichkeit kommt man zum Ziel. Doch er kann auch für innere Härte und Kälte stehen.

F

»Einen Stein im Brett hat«, wer einem Menschen blind vertrauen kann.

Fernrohr
Neugier, Geheimnis, Aufdeckung

Mit dem Fernglas können wir aus sicherer Entfernung interessante Dinge beobachten. Das stillt die Neugier, ohne selbst entdeckt zu werden. Aber umgekehrt funktioniert es genauso. Vielleicht sind einige Aktivitäten gar nicht so geheim geblieben, wie Sie das gerne hätten. Um einer bösen Überraschung zu entgehen, sollten Sie vorbeugen. Das heißt, entweder offen sein oder sich besser tarnen. Sonst hält Ihr Arrangement nicht lange.

Finger
Sinnlichkeit, Geschicklichkeit, Tatkraft, Durchsetzungs-vermögen

In China unterschrieben Geschäftsleute schon vor Tausenden von Jahren mit ihrem Fingerabdruck. Er ist ein unverkennbares Zeichen der Individualität. Durch den Tastsinn drückt er Sinnlichkeit aus, als Teil der Hand Geschicklichkeit und/oder auch Tatkraft.

F

Er kann auch dafür stehen, von etwas »die Finger zu lassen« oder nicht überall »seine Finger drin zu haben«. Wenn man den Daumen drauf hat, ist man der Chef und wird es verstehen, sich durchzusetzen.

Fisch
Reichtum, Fruchtbarkeit, tiefere Wahrheit

Der Fisch ist ein glitschiges Tier und deswegen schwer zu fassen. Im Licht leuchten seine Schuppen in den verschiedensten Farben. So kann auch seine Bedeutung ganz unterschiedlich sein: In der chinesischen Symbolik steht er für Wohlstand, Reichtum und Überfluss. Materiell könnte es also eine positive Entwicklung geben. Hält man es mit den alten Germanen kann sich aber auch Glück in der Liebe einstellen. Ist doch bei ihnen der Fisch ein Zeichen für die Fruchtbarkeits- und Liebesgöttin Freyja. Oder geht es um eine bestimmte verborgene Wahrheit, die aus der Tiefe geholt werden soll, so, wie man den Fisch aus dem Wasser angelt?

F

Flamme

Lebensenergie, Leidenschaft, Zerstörung, Erneuerung, Reinigung

Flammen symbolisieren die Lebensenergie, die im Menschen pulsiert.

Eine lodernde Flamme steht für Leidenschaft. Sie brennen vielleicht bald lichterloh und könnten dabei auch aufgestaute Triebe und Aggressionen freisetzen.

Flammen sind zerstörerisch, gleichzeitig schaffen sie aber Raum für Neues. Manchmal wird auch der Wunsch nach einer inneren Reinigung durch sie symbolisiert.

Flasche

Sexualität, Enge, unerfüllte Wünsche, Fehlschläge

Flaschen sind gleichermaßen männliche wie weibliche Sexualsymbole und verweisen auf die Sehnsucht nach Verschmelzung. Gefühle von Einengung können sich ebenfalls hinter diesem Zeichen verbergen. Vielleicht haben Sie Schwierigkeiten, Ihre Wünsche auszudrücken? Zerbrochene Flaschen sind Zeichen von Aggressionen, kündigen aber manchmal auch Fehlschläge an, auf die man sich einstellen sollte.

F

Fledermaus
Aussaugen, ausgesaugt werden, Orientierung

Vor allem kennen wir die Fledermaus als ein Vampir-Symbol. Das Blut ihrer Opfer spendet ihr Lebensenergie. In einem übertragenen Sinne lebt sie von den Ideen und Leistungen der anderen. Vor so einem Wesen in seiner Umgebung sollte man sich hüten.
In der Mythologie erscheint die Fledermaus an der Seite von Hexen und wird als Unglücksbote interpretiert. Gleichzeitig soll aber eine tote, an die Tür genagelte, Fledermaus Glück bringen. Vielleicht weil die Gefahr auf diese Weise gebannt ist. Die Fledermaus ist außerdem ein Orientierungswunder. Mit ihren außergewöhnlich feinen Sinnen werden Ziele blind gefunden.

Fliege – siehe Insekt

Flugzeug/Zeppelin
Seelische Unruhe, Aufbruch, Unabhängigkeit, Risiko

Flugzeuge sind oft Zeichen für seelische Unruhe. Sie drücken den Wunsch nach Ablösung und Aufbruch aus. Auch für das damit verbundene Risiko können sie ein Abbild sein. Wer in ein Flugzeug steigt, möchte den

F

Alltag und seine Belastungen, vielleicht auch den Trott, hinter sich lassen. Befreiung kommt und hochfliegende Ziele werden verwirklicht.

Frau
Gefühl, Schöpfung, Geburt

Eine Frau tritt in ihr Leben und wird einiges umwerfen. Freundschaft, Beziehung, Geburt – alles das ist möglich und sorgt für Bereicherung. Auf jeden Fall sind Gefühle im Spiel und Sie sollten sie zulassen. Die Frau gebiert. Dieser schöpferische Akt steht für die ewige Erneuerung des Lebens. So wird sich auch bei Ihnen einiges verändern und verwandeln. Sie können sich auf eine folgenreiche Begegnung gefasst machen.

Frosch
Fremdheit, Ekel, Überwindung

Als Wetterfrosch, der voraussagt, wie es draußen sein wird, drückt er die Verbundenheit mit der Natur aus. Vor allem aber wird der Frosch mit vielen negativen Eigenschaften assoziiert. Wer ein »Frosch« ist, gilt als feige. Auch die »Froschperspektive« verdeutlicht seine niedere Stellung. Gleichzeitig bläht er sich noch zum Wich-

F

tigtuer auf. Als kalt und hässlich beschrieben, löst er Ekel aus und ist ein fremdes, unbehagliches Ding. Im Märchen des »Froschkönigs« verwandelt er sich dann aber durch einen Kuss in den schönen Prinzen und wir erkennen: Überwindung kann zur Befreiung führen.

Frucht – außer Apfel, Banane, Weintraube

Reife, Wohlstand, Verführung, Fruchtbarkeit

Eine Frucht wird dann gepflückt, wenn sie reif ist. Sie steht damit für eine abgeschlossene Entwicklung. Wie viele Ernteprodukte symbolisiert sie auch Wohlstand.
Nicht nur in vergangenen Jahrhunderten wurden Früchte bei festlichen Anlässen auf Gold- oder Silberschalen gereicht, auch heute noch werden in vielen Regionen große Erntedankfeste mit einer berauschenden Fülle an Früchten gefeiert. So wurden Früchte zu Zeichen des Überflusses, der Verführung und vermeintlichen Sünde.
Nicht zuletzt, wie könnte es anders sein, kündigt die Frucht Fruchtbarkeit an.

F

Fuß
Gute Erdung, Unabhängigkeit, Verschwendung, Geister

Die Füße sind dem Boden am nächsten. Sie symbolisieren eine gute Erdung. Festen Schrittes können wir unseren Weg fortsetzen. Auf eigenen Füßen zu stehen, bedeutet Unabhängigkeit. Auch hier gilt es, den eingeschlagenen Pfad weiterzugehen. Wer »auf großem Fuß« lebt, überspannt seine finanziellen Möglichkeiten vielleicht gerade etwas.

Im Volksglauben steht der linke Fuß für die bösen, der rechte für die guten Geister. Welche wollen sich an Ihre Fersen heften? Sind es die Bösen, schmelzen Sie sie einfach wieder ein. Hinweg mit ihnen!

G

Gabel
Handeln, Entscheidungen treffen

In Form des Dreizacks, von Teufel und Neptun getragen, ist die Gabel eine Waffe und auch die Bauern benutzten ihre Mistgabeln zur Verteidigung. So ist sie ein aggressives Instrument. In erster Linie steht sie zwar für Essen und Nahrungsaufnahme, aber auch hier geht es um offensive, zielgerichtete Handlungen (Essen aufspießen). Verbunden mit der Transformation, die das Verdauen bedeutet, ist die Gabel ein Zeichen für Entscheidungen, die getroffen werden müssen.

Galgen
Strafe, Buße, neuer Anfang

Gut möglich, dass Sie für etwas büßen müssen. Dass eine Strafe mit Ärger und Schmerz verbunden ist, versteht sich von selbst. Doch daraus ergibt sich auch ein Anfang. Schließen Sie mit etwas Unangenehmem ab und lassen Sie es hinter sich. So werden Sie gestärkt aus einer Situation hervorgehen und sind bereit, mit etwas Neuem zu beginnen.

G

Gans
Fruchtbarkeit, viel Lärm um nichts, Fülle, Genuss

Gänse halten sich die Menschen schon lange und so
gab es genug Zeit, ihr die verschiedensten Bedeutungen zu geben. Sie ist das heilige Tier der Aphrodite. Bei
Griechen und Römern stand sie für Fruchtbarkeit und
den Kelten brachte sie Botschaften aus einer anderen
Welt. Wer hätte das gedacht?! Ihr Geschnatter ließ sie
für uns zur dummen Gans werden. Ohne etwas zu verstehen, macht sie viel Lärm um nichts. Wer sich von so
etwas nicht ablenken lässt, wird kommende Festtage
genießen, denn als gebratene Leckerei symbolisiert sie
Fülle und Genuss.

Gebirge
Hindernis, Erkenntnis, Naturverbundenheit, Ruhe

Vor sich das Gebirge zu sehen, kündet von einem noch
schwierigen und hindernisreichen Weg. Auf dem höchs-
ten Pass liegt die Erkenntnis, denn von dort lässt sich
alles mit Abstand betrachten. Hinter dem Gebirge erreicht man leichtere Pfade.
Die Berge sind eine Gegenwelt zur technisierten Stadt.
Der Wunsch nach mehr Naturverbundenheit ist daher
häufig mit diesem Symbol verbunden. Im Gebirge fin-

G

det man Zurückgezogenheit und Ruhe, die notwendig sind, um zu sich selbst zu kommen.

Gebiss
Durchsetzungsvermögen, Ausdauer, Erfolg, Angst

Die Zähne zu zeigen und damit das Gebiss wird als Drohgebärde verstanden und gilt als ein Zeichen von Aggressivität. Damit ist aber auch das Durchsetzungsvermögen verbunden. Auf Ausdauer verweist das sprichwörtliche »sich durchbeißen«. Zusammen schafft beides sehr gute Erfolgaussichten für zukünftige Vorhaben. Den Zahn gezogen zu bekommen, heißt, genau diese Eigenschaften zu verlieren. Versagensängste könnten die Ursache sein.

Gehirn
Nachdenken, Kopflastigkeit

Erst das Gehirn einschalten, dann den Mund aufmachen! Das Sprechen ist eine Tätigkeit, die dem Denken folgen sollte und nicht umgekehrt. Sonst steht man bald da wie ein dummer August.
Gleichzeitig verweist dieses Zeichen manchmal auf übermäßige Kopflastigkeit. Das wiederum beeinträchtigt das

G

Gefühlsleben. Verstand und Emotionen sollten ausgeglichen sein. Auch der Körper kommt bei zu viel Kopfarbeit oft zu kurz.

Geier
Geduld, Beute, Gier

Geduldig dreht der Geier seine Runden über dem möglichen Aas. Lauernd schaut er hinab, um zuzuschlagen, wenn für andere alles vorbei ist. Auf welche Beute sind Sie denn aus? Es braucht auf jeden Fall Zeit, die Geier zu erlegen. Nichts sollte über das Knie gebrochen werden. Und geben sie Acht: Die Gier kann Sie für Ihre Umgebung unausstehlich machen. Es wäre kein Wunder, wenn Ihnen das einige Menschen übel nehmen. Einsamkeit könnte die böse Folge sein.

Geige – Violine
Freude, Überreizung, Romantik, Anspruch

Wie alle Musikinstrumente bringt sie Freude ins Leben, wohlklingend erzeugt sie Harmonie. Gleichzeitig entnervt kaum etwas so sehr wie eine quietschende Geige. Überreizung könnte dahinterstehen.

G

Zwei Sprichwörter zeigen uns die beiden wichtigsten weiteren Bedeutungen: »Ein Himmel voller Geigen«, das drückt romantische Gefühle aus.

»Die erste Geige spielen« dagegen steht für eine gewisse Dominanz und hohe Ansprüche, die nur selten befriedigt werden.

Geschütz – siehe Kanone

Gespenst
Unbewusstes, Bedrohung, Pläne, Wünsche

Gespenster sind die Toten, die nicht zur Ruhe kommen. Sie verfolgen und bedrohen uns: Verpasste Gelegenheiten, nie begonnene Pläne, unerfüllte Wünsche, gescheiterte Projekte, die längst vergessen schienen, aber tief im Unbewussten weiter rumoren und dann doch wieder an die Oberfläche kommen. Man sollte den Gespenstern ins Gesicht sehen und vielleicht noch einmal prüfen, was man erreichen wollte. Auch was schon lange her ist, erledigt sich nicht unbedingt von selbst.

Gewehr

Allmachtsfantasien, Trieb, Angst, Aggressivität, vorgegebene Stärke

Oftmals sind Allmachtsfantasien mit diesem Symbol verbunden, die nicht selten aus einem Gefühl von Schwäche und Unterlegenheit gespeist werden. Das kann auf eine vermeintliche oder wirkliche übermächtige Bedrohung hinweisen.

Wird ein Gewehr als Jagdwaffe gesehen, stellt sich die Frage nach dem Umgang mit Gefühlen und Trieben. Gewehre sind klassische Sexualsymbole. Auch Angst vor Gewalt oder sogar Krieg kann ein Gewehr ausdrücken. Allgemein steht es für Aggressivität und das Töten auf Distanz. Mit ihm gibt man Stärke vor, die man nicht in sich trägt. Früher oder später fliegt so eine Täuschung auf.

Geweih – siehe Hirsch

Glas – siehe Becher

G

Glocke
Festlichkeit, Vergänglichkeit, Lebensabschnitte, Gegenwart

Mit Glocken werden besondere Ereignisse angekündigt. Wer sie läuten hört, kann mit einem feierlichen und glücklichen Fest oder einfach einer schönen Zeit rechnen. Glockenschläge zeigen auch die Zeit an. Das verweist auf die Vergänglichkeit aller Dinge, und auf endende Lebensabschnitte. Dies bedeutet allerdings immer auch den Beginn von etwas Neuem. Außerdem erinnern die Glocken an das Hier und Jetzt. Kaum einen Glockenschlag lang dauert die Gegenwart. Trotzdem ist sie das Zentrums des Seins und muss gestaltet werden.

Gondel
Liebe, Tagträumerei

In einer Gondel durch die Kanäle von Venedig zu gleiten – wer bekommt da nicht romantische Gefühle. An die Liebe, an was sonst, soll man hier denken.
Allgemein hat die Gondel eine ähnliche Bedeutung wie das Boot, mit dem Unterschied, dass sie mit traum- und märchenhaften Assoziationen verbunden wird. Das kann auf Fantasien hinweisen, in der eine Liebesbeziehung

erträumt wird, die vielleicht wenig Chancen hat, gelebt zu werden. Von solchen Vorstellungen sollte man sich besser trennen.

Gürtel
Zusammenhalt, Schmuck, Macht, Unterstützung

Er nützt, um die eigene Kleidung zusammenzuhalten, ist also etwas ganz Praktisches. Gleichzeitig kann er auch reich verziert und damit ein wahrer Schmuck sein. Die Augen anderer werden sich darauf richten. Aphrodites Gürtel zum Beispiel verlieh ihr eine besonders betörende Erscheinung. Im Mittelalter symbolisierte er Macht und Stärke. Als Arbeiter trägt man sein Werkzeug daran. So ist er ein Helfer auf allen Wegen und kann es Ihnen ebenso erleichtern, Ihre Interessen gegenüber anderen durchzusetzen oder jemanden zu betören. Ziehen Sie die Gürtelschnalle etwas enger und Sie sind gut gerüstet!

H

Hacke
Mühe, Aggression, Sexualität, Hierarchie

Das Hacken ist eine anstrengende Arbeit. Aufgaben, die viel Mühe und wenig Ertrag bringen, sind damit verbunden. Um die Existenz zu sichern, sind sie jedoch von-nöten. Dieses Werkzeug durchbricht die Oberfläche mit Gewalt. Danach kann der Samen tiefer in die Erde gestoßen werden. Das verweist auf aggressive sexuelle Zusammenhänge. Auch die Hackordnung betont die gewalttätigen Aspekte dieses Zeichens. Die eigene Position ist vielleicht unsicher und muss gestärkt werden.

Hahn
Männlichkeit, Bewusstsein, Umsorgung

Männlichkeit bis zum Macho-Gehabe verbindet man mit diesem Tier. Das kann schnell übertrieben wirken. Hahnenkämpfe sind das männliche Pendant zur Stutenbissigkeit. Wie ein Gockel herumzustolzieren zeigt zwar unter Umständen ein gewisses Bewusstsein für äußerliche Attraktivität, macht aber nicht immer den souveränsten Eindruck. Erwachendes Bewusstsein ist mit dem Hahnenschrei am Morgen verbunden.
Mit dieser Figur kann man zum Hahn im Korb werden.

H

Hai

Aggressivität, Stärke, Verfolgung

Den Hai kennen wir als Angst einflößenden Raubfisch mit spitzen Zähnen. Nun gibt es zwei Möglichkeiten: Entweder sind Sie es selber, dann sollten sie auf ihre eigene Stärke vertrauen und eine Aufgabe mit Mut und Engagement angehen. Sie werden sich durchsetzen. Sind Sie aber derjenige, der vom Hai verfolgt wird, gilt es, sich mit den eigenen Ängsten auseinanderzusetzen. In Panik davonschwimmen nützt nicht viel. Ihr Verfolger ist eh viel schneller als Sie. Stellen Sie sich Ihrer Furcht.

Haken

Gefangensein, Sucht, ungelöste Konflikte, Sicherheit, Glück

Am Haken zu hängen heißt, nicht mehr wegzukommen. Innere Gebundenheit oder sogar Gefangenschaft drücken sich so aus. Oft stecken dahinter Suchtprobleme oder ungelöste Konflikte in einer Partnerschaft. Der Haken an einer Sache muss erst einmal erkannt werden, um sich davon zu lösen.
Haken dienen auch dazu, sich selbst, andere oder Gegenstände zu sichern, zum Beispiel auf einem Schiff. Auch kann man damit Fische fangen. Gelingt das, kommt das Glück.

H

Halbmond

Veränderung, Wankelmut, Glauben, Jagd, Abenteuer

Wie der Mond steht auch der Halbmond mit seinem Zyklus für Veränderung und auch Wankelmut. In anderem Zusammenhang ist er das Zeichen des Islams und damit eines starken Glaubens, der Halt gibt in einer unübersichtlichen Welt. Für einen Muslimen kann sein Erscheinen den Wunsch nach göttlichem Beistand ausdrücken oder seine Verbundenheit mit Allah zeigen. Älter ist die Einheit mit der Jagdgöttin Diana, deren Symbol er ebenfalls ist. Dieser Zusammenhang verweist auf aufregende Abenteuer oder den Wunsch danach.

Hammer

Tatkraft, Durchsetzungsvermögen, Aggression, Konstruktivität

Der Hammer wird oft als männliches Sexualsymbol gesehen. Er drückt Tatkraft und Durchsetzungsvermögen aus. Der Wunsch vorwärtszukommen, vielleicht einen Karrieresprung zu machen, kann damit in Zusammenhang stehen. Aber auch Gewalt ist mit ihm verbunden. So weist er manchmal auf unterdrückte Aggressionen hin. Statt wild draufloszuschlagen, sollte man ihn lieber als Werkzeug für konstruktive Tätigkeiten nutzen.

H

Hand
Tat, Hilfe, Schutz, Kontakt

Treten Sie in Aktion. Packen Sie etwas an, reichen Sie jemandem die Hand. Als Schutz, zur Begrüßung eines bisher Fremden, zur Versöhnung oder zärtliche Geste. Ihre Initiative ist auf jeden Fall gefragt. Nehmen Sie Ihr Leben selbst in die Hand, oder helfen Sie jemandem, indem Sie ihn bei der Hand nehmen. Nutzen Sie Ihre Kraft und positive Energie, statt die Hände schlaff am eigenen Körper baumeln zu lassen. Auf keinen Fall, dürfen Sie dabei schmutzige Hände bekommen. Den Dreck bekommen Sie mit Seife nicht so einfach weg!

Hantel
Energie, Training

Sind Sie vielleicht nicht ausgelastet in Ihrem Leben? Dann haben Sie Energie übrig. Das ist gut! Nutzen Sie sie für etwas Sinnvolles. Oder fühlen Sie sich unattraktiv – ein bisschen zu viel auf den Hüften, ein bisschen zu wenig in den Armen? Auch das ist nicht schlimm. Legen Sie los und ändern es! Eine Stunde Bewegung pro Tag wird Wunder bewirken. Mit Pudding in den Armen sollten Sie besser nicht versuchen, den starken Mann zu markieren oder auch die starke Frau. Das nimmt Ihnen keiner ab.

H

Harfe
Sehnsucht, Freude, Überspannung

Die Harfe ist ein altes Instrument. Im Kampf gespielt, schrieben ihr die Kelten eine unterstützende Wirkung zu. Der hebräische König David vertrieb mit ihr Geister und der finnische Schöpfergott Vainämoinen zupft ihre Seiten. Als beseeltes Instrument werden auf ihr die Töne des Herzens gespielt: Sie seufzt, lacht, schlummert und drückt damit Sehnsucht nach Liebe und Freude aus. Auf ihre Klänge sollte man deshalb achten. Auch ein überspanntes Nervensystem kann durch die Harfe sichtbar werden. Mehr Ruhe könnte dann angebracht sein.

Hase
Glück, Intuition, Furcht, Fruchtbarkeit

Jagderfolg und damit Glück hat derjenige, welcher einen Hasen fängt. Diese Tiere sind schnell, schlagen Haken und sind nicht leicht zu erlegen. Das bedeutet auch, spontan und intuitiv richtig reagieren zu können. Ängstlichkeit steht hinter dem Hasenherz. Wovor fürchten Sie sich? Außerdem bedeuten Hasen auch Freude in der Liebe und Fruchtbarkeit.

H

Haus
Schutz, Kraftquelle, Erfolg, Gesamtverfassung

Ein Haus bedeutet Schutz, Heimat und Kraftquelle. Auch Erfolg ist mit ihm verbunden, gilt das Eigenheim doch als Statussymbol. Stein auf Stein erschaffen zeigt es, dass man in vielen kleinen Schritten auch sein großes Ziel erreichen kann.

Immer steht das Haus aber für die Gesamtverfassung eines Menschen. Schauen Sie genau hin. Die Größe verweist auf das Bewusstsein. Der bauliche Zustand deutet auf eine solide oder labile Persönlichkeit hin. Ein Keller spricht das Unbewusste an, das vielleicht einmal durchforstet werden sollte. Unter dem Dach sind die intellektuellen Fähigkeiten angesiedelt. Ist da noch Platz?

Helm
Schutz, Auseinandersetzung, Auszeichnung

Den Helm tragen wir, um uns zu schützen, zum Beispiel bei einem Sturz mit dem Fahrrad, oder im Kampf vor einem Schlag auf den Kopf. So weist er auf eine kommende Auseinandersetzung hin. Bereiten sie sich darauf vor, indem Sie nicht ohne Schutz hineingehen. Ein persönlicher Gewinn kann die Folge sein. Dann trägt Ihr Helm plötzlich Schmuck und Federn – als Auszeichnung für Ihren gelungenen Einsatz.

H

Henne
Mütterlichkeit, Glück, Biederkeit, Fruchtbarkeit

Hennen oder Glucken stehen für oft übertriebene Mütterlichkeit. Die Grenzen zwischen Fürsorge und erdrückender Liebe sind dabei verschwommen. Auch das Glück, das die Henne symbolisiert, verbindet sich häufig mit einem Übermaß an Häuslichkeit. So wird man bieder. Fruchtbarkeit und die Angst vor ihr kann hier auch hereinspielen.

Herz
Gefühl, Liebe, Gesundheit

Das Herz spricht immer die emotionale Seite und das Zentrum eines Menschen an bzw. seine tiefsten Gefühle. Zuerst ist es ein Liebessymbol. Jemand schenkt Ihnen sein Herz oder Sie möchten Ihres einem lieben Menschen geben. Dabei geht es nicht um Spielereien.
Ein zerbrochenes Herz wiederum steht für eine schwere Verletzung, die Zeit braucht, um zu heilen.
Als »Motor« in unserem Inneren kann ein Herz die Sorge um die eigene Gesundheit ausdrücken. Auch Unruhe und Angst vor wichtigen Veränderungen und Ereignissen berühren es.

H

Heuschrecke

Zerstörung, Gier, Angst, reiche Nachkommenschaft

Die Heuschrecke trägt schon im Namen ihre Bedeutung. Als Kahlfresser kennen wir sie seit den sieben biblischen Plagen. Sie kommt als Zerstörer – ganze Felder vernichtet ein Schwarm in kurzer Zeit. Hunger und Armut sind die Folge. Deshalb steht sie gleichermaßen für die Gier wie für die Angst vor Verlust. Sie bringt nichts Gutes. Mit einer Ausnahme: Manchmal kann sie als ein Zeichen reicher Nachkommenschaft gesehen werden und damit wiederum Glück bedeuten.

Hexe

Magische Kräfte, Weisheit, Kontakt in andere Welten

Die Hexe hat magische Kräfte. Ihre übernatürlichen Fähigkeiten, ihre Stärke und Weisheit sind faszinierend und ziehen uns an. Doch gleichzeitig kann ihr Zauber auch Angst machen: Will sie uns vielleicht verhexen oder verwünschen? Fest steht: Die Begegnung mit ihr wird Spuren hinterlassen. Sie kann auf einen noch niemals beschrittenen Pfad führen und dabei helfen, offene Fragen durch ihren Kontakt in andere Welten zu beantworten. Doch wer unsicher ist, tut gut daran, ihr mit Vorsicht zu begegnen.

H

Hirsch

Männlichkeit, Status, Aura

Ein kapitaler Hirsch ist ein männliches Prachtexemplar. Sind Sie eine Frau, sollten Sie schnell schießen, denn hinter ihm sind alle her. Für den Mann bedeutet er Potenz und Status. Außerdem symbolisiert sein Geweih die Sonnenstrahlen, was eine besondere Aura verspricht.

Höhle

Schutz, Weiblichkeit, Tierhaftigkeit

Höhlen waren die Wohnstätten der ersten Menschen – und auch vieler Tiere. Sie stehen für einen Urzustand menschlicher Existenz. Zu ihr zurückzukehren bedeutet, einen geschützten Ort (wieder) erreichen zu wollen. Als symbolischer Frauenschoß ist die Höhle Zeichen von Weiblichkeit. Die Nähe zum Tierischen verweist auf die animalischen Anteile in jedem. Sie brechen von Zeit zu Zeit durch.

Horn – als Geweih siehe Hirsch

Horn – als Instrument siehe Jagdhorn

H

Hose
Dominanz, Männlichkeit

Die Hosen anhaben heißt, zu dominieren. Symbolisch ist damit eher männliche Dominanz gemeint. Für eine Frau kann das bedeuten, in einer Beziehung klassische männliche Rollen zu übernehmen; für einen Mann, diese zurückzuerobern. Unsicherheit über die Beziehungsmuster in einer Partnerschaft steckt hinter solchen Fragen.

Hund
Begleitung, Treue, Wachsamkeit, Jagd

Den Hund kennen alle Kulturen als treuen Begleiter. Er wacht über das Wohl seines Herrn und hilft ihm bei der Jagd. Dieses Tier ist jedoch auch Attribut dunklerer Mächte: Schwarze Hunde wurden traditionell oft an der Seite von Hexen gezeigt; der keltische Gott der Unterwelt ist umgeben von weißen Hunden mit roten Augen. Im alten Ägypten wiederum stand der Hund als Aasfresser für die Verdauung toter Materie, die er zum überleben verzehrt und so einen Kreis schließt. Dem (symbolischen) Tod eines Projektes folgt Erneuerung.

H

Hut

Reife, Eitelkeit, Hochmut, Vergeistigung

Im Mittelalter wurde streng geregelt, welche Berufsgruppe welchen Hut tragen durfte. Er kennzeichnete damit eine bestimmte soziale Gruppe. Gleichzeitig waren Hüte Zeichen des freien Mannes. Später setzte sich das in der Sitte fort, als Mann – also »erwachsen« aus der Bevormundung der Eltern – einen Hut zu tragen. Mittlerweile ist er vor allem ein modisches Kleidungsstück. Damit kann er auf Eitelkeit und Hochmut hinweisen. Auch von den beiden Füßen auf dem Boden ist der Hut am weitesten entfernt. Passen Sie auf, dass Sie nicht abheben!

Igel

Empfindlichkeit, Berührungsangst, Anziehungskraft

Der Igel ist ein niedliches Tier mit seiner spitzen, feuchten Schnauze. Doch er schätzt die Berührung nicht. Kaum kommt man ihm zu nah, versteckt er sich unter seinem Stachelpanzer. Wollen Sie einen bestimmten Menschen nicht in Ihrer Nähe haben? Fürchten Sie seinen Einfluss auf Sie? Dann halten Sie Abstand und ziehen Sie sich lieber zurück. Investieren Sie nicht zu viel Gefühl, denn beide könnten verletzt werden. Aber vielleicht ist es auch gerade falsch, in einer bestimmten Situation sofort den Rückzug anzutreten. Finden Sie es heraus!

Insekt

Gewissensbisse, Betrug, Überspannung, überwundene Schwierigkeiten

Verdrängtes, unbewusste Ängste und Kleinigkeiten, die im Hinterkopf nagen, und Gewissenbisse verursachen – für all das stehen Insekten allzu oft. Unangenehm und leicht zu übersehen, kündigen sie Krankheiten an oder Verluste, ebenso manchmal auch einen Betrug. Wer von Insekten umschwärmt ist, wird vielleicht von unangenehmen Personen bedrängt, derer er sich nur schwer erwehren kann. Ihr ständiges Summen kann auch auf überspannte Nerven hinweisen. Dann gilt es, sich etwas mehr Ruhe zu können.

Wenn Sie die Figur jetzt wieder einschmelzen, werden kommende Hürden leichter genommen, denn ein Insekt symbolisch zu töten, bedeutet, Schwierigkeiten zu überwinden.

J

Jagdhorn
Aufbruch, Aufregung, Beute, Freude

Das Jagdhorn bläst zum Aufbruch und eine Jagd ist immer mit viel Spannung verbunden. Die Zeit ist reif, aus dem Alltag auszuscheren und seinen Instinkten zu folgen. Ein aufregendes Naturerlebnis wartet. Doch es steckt mehr dahinter. Wer jagt, will Beute machen und fühlt sich jetzt bereit, seine Chancen zu suchen und seine Wünsche in die Tat umzusetzen. Der Zeitpunkt ist gut, denn alle erwarten freudig das nächste Abenteuer.

Käfer

Glück, Wiedergeburt, Nutzen, aber auch Konkurrenz

Freuen Sie sich, denn der Käfer wird Ihnen Glück bescheren! Gleichzeitig kann er für einen Neuanfang stehen. Schon im alten Ägypten galt der Skarabäus als Symbol für Wiedergeburt und Glück. Noch heute verbinden wir Letzteres zum Beispiel mit dem Marienkäfer. Der Käfer kann auch stöbern, weil er sich oftmals dort satt frisst, wo wir Menschen unsere Nahrungsmittel haben. Doch andrerseits ist er ein nützlicher Begleiter, der bei der Beseitigung von Schädlingen hilft – ein Konkurrent und Helfer zugleich. Respektieren Sie es ruhig, wenn jemand aus Ihrer Umgebung so eine Rolle spielt – es kann sich gut entwickeln.

Kamel

Eigenwilligkeit, Mütterlichkeit, Reichtum, Durchhaltevermögen, Abenteuer

Oft wird das Kamel für dumm gehalten. Aber das gibt es bestenfalls nur vor. In Wirklichkeit sind Kamele schlau und haben einen eigenwilligen Charakter. Für die Wüstenbewohner waren sie die Grundlage ihres Überlebens. Sie lieferten Milch, Wolle, Fleisch und Leder. Das

K

machte sie als »Rundumversorger« zu einem Symbol für Mütterlichkeit und für Reichtum. Die Wüstenschiffe ermöglichten es zudem überhaupt, unwirtliche Regionen zu erreichen. Genügsam überstehen sie jede Durststrecke und bringen ihre Reiter auf abenteuerlichen Reisen in exotische Gegenden.

Kamm
Aufmerksamkeit, Ordnung, Suche

Der Kamm dient der Körperpflege. Wir betonen unsere Schönheit mit ihm. Möchten Sie jemanden auf sich aufmerksam machen? Das wird gelingen, wenn Sie sich mutig zeigen. Was gibt es schon zu verlieren?
Auch der Wunsch nach Ordnung, vielleicht sich innerlich zu sortieren, drückt sich mit diesem Symbol aus. Der Kamm trennt alle Haare sorgfältig voneinander. Wer etwas durchkämmt, ist außerdem auf der Suche.

Kanne
Gute Zeiten, Liebe, Freude, Warnung vor Rückschlägen

Kannen sind Symbole für Weiblichkeit und manchmal auch Unberührtheit. Zumeist kündigen sie gute Zeiten an. Das Gießen als gebender Akt steht gleichermaßen für das Spenden und Empfangen. Liebe, Freundschaft, Mitgefühl und Freude sind zu erwarten, was ganz allgemein einen guten Umgang mit seinen Mitmenschen ausdrückt. Die Kanne kann auch ein Zeichen für Hingabe sein. Eine beschädigte Kanne warnt manchmal vor Rückschlägen oder Krankheiten.

Kanone
Zerstörung, Aggression, Trieb, Durchsetzungsvermögen

Kanonen sind Waffen zum Zerstören. Sie stehen für Aggression und die eigenen Triebkräfte. Das bedeutet auf der einen Seite Durchsetzungsvermögen und auf der anderen, dass dieses nicht ausgewogen eingesetzt wird. Sowohl ein zu offensives Verhalten als auch zu viel Zurückhaltung können dahinterstecken. Hier gilt es, das richtige Maß zu finden. Auch wenn man viel Energie hat, müssen die Wünsche anderer berücksichtigt werden.

Karre – siehe Wagen

K

Katze
Weiblichkeit, Unabhängigkeit, Gefühl, Willen

Die Katze ist ein Zeichen für Weiblichkeit und Unabhängigkeit.
Damit steht sie sowohl für Gefühl als auch Willen. Mit ihr werden aber ebenso weibliche Falschheit und Hinterhältigkeit verbunden. Eine Katze kann eine Warnung davor sein, hintergangen zu werden. Ihr Erscheinen verkörpert oft die kapriziöse Seite der Weiblichkeit und steht für ungute Entwicklungen in der Liebe. Aber auch Lust und körperliche Geschmeidigkeit bringt sie zum Ausdruck. Mit Katzen umzugehen ist schwierig, denn sie machen, was sie wollen.

Kegel
Weibliches und männliches Prinzip, Rollenverhalten, Spiel

Weibliches und männliches Prinzip stoßen beim Kegeln aufeinander. Die weibliche Kugel attackiert den phallusartigen Kegel. Damit wird das klassische Rollenverhalten mit vermeintlich weiblicher Passivität und männlicher Aktivität umgekehrt. Der Kollision folgt die Konfusion der Geschlechter, die sich in den durcheinanderstürzenden Kegeln abbildet. Verwirrung im Geschlechterkampf ist die Folge. Die klassischen Rollen sind sowohl Klischee als auch Erwartung. Jeder muss darin seinen eigenen Weg finden. Und jeder Weg hat seine Berechtigung. Dabei beginnt das Ausprobieren oft mit einem Spiel. Denn auch das steckt im Kegeln: Die Lust zu spielen.

Kelch
Weiblichkeit, Suche, Spiritualität

Seine Form wird als Verweis auf den weiblichen Schoß verstanden. Umschließend findet sich im Kelch auch das Geborgenheitsmotiv. Die Frauenbrust wird durch die nährende Funktion symbolisiert.
Kelche haben sinnbildlich eine starke geistige Färbung. Die Gralssuche zeigt das beispielhaft. Sie ist ein Gleichnis für das Streben nach Höherem. Aus einem Kelch wird der Wahrheitstrunk verabreicht und aus einem anderen ewiges Leben. All diese Sehnsüchte sind nur im übertragenen Sinn, in einer tiefen Spiritualität zu finden.

Kelle
Geborgenheit, das Teilen, Wärme

Wir sitzen am gedeckten Tisch und schöpfen aus dem großen Topf die dampfende Suppe; ein Bild, das Wärme und Geborgenheit ausstrahlt. Es erzählt vom Ankommen und Teilen mit uns lieb gewordenen Menschen. Ist es vielleicht an der Zeit, eine Entscheidung zu treffen und das eigene Leben in ruhigeres Fahrwasser zu lenken? Seien Sie auf keinen Fall zu egoistisch, sondern heißen Sie diejenigen willkommen, die ein Stück mit Ihnen gehen wollen. Geben Sie Ihnen etwas von sich ab. Sie werden dafür belohnt – mit Dankbarkeit und Wärme.

Kerze

Romantik, Geborgenheit, menschliche Wärme, Leben, Wissen

Kerzenlicht schafft eine romantische Atmosphäre und steht für die Sehnsucht nach Geborgenheit und Gefühlswärme. Sie ist das Licht in der Finsternis, das den Beginn vieler Schöpfungsgeschichten bildet und zeigt uns den Weg hinaus aus der Nacht der Unwissenheit.
Als Lebenslicht steht sie für das Leben selbst, ausgeblasen für das Ende, auch eines jeglichen geselligen Beisammenseins. Sie kann aber immer wieder entzündet werden und ein neuer Abschnitt wird beginnen.

K

Kessel
Nachwuchs, Neues, Häuslichkeit

Als Kochutensil genutzt wandelt der Kessel Materie um. Aus verschiedenen Zutaten wird durch die Hitze der Flammen etwas Neues geschaffen. Vielleicht wünschen Sie sich Nachwuchs? Der Kessel symbolisiert dann die Gebärmutter. Kinderwünsche sind auch übertragbar auf neue Projekte, Ideen etc. Inspiration wird ebenso im Kessel gebraut.
Oder Sie sehnen sich einfach nach etwas mehr Ruhe im trauten Heim und möchten Ihre Lebensenergie erneuern? Auch Häuslichkeit spiegelt sich in diesem Zeichen wider.

Kette
Bindung, Befreiung

Ketten stehen für sehr feste Verbindungen. Das kann Sicherheit bedeuten aber auch Einengung. Wer möchte sich schon angekettet fühlen? Seine Ketten sinnbildlich sprengen zu wollen, heißt, den tiefen Wunsch nach Befreiung zu haben. Strengen Sie sich an und es wird gelingen.

K

Keule
Entschlossenheit, Aggression, Hindernis

Knüppel auf den Kopf: Das ist nicht gerade die feine englische Art, seinen Ärger über andere abzulassen. Dieses Symbol zeugt zwar von Entschlossenheit, jedoch kommen hier viele unterdrückte Aggressionen zum Vorschein und ein primitiver Umgang mit ihnen. Die Keule, der Knüppel gilt als archaische Waffe, die bereits die Neandertaler verwendeten.
Genauso primitiv, jedoch nicht weniger schlagkräftig könnte der Knüppel sein, der Ihnen zwischen die Beine geworfen wird. Vielleicht versucht Sie jemand in Kürze auszubremsen.

Kind
Neue Möglichkeiten, Weiterentwicklung, Unreife, Spiel

Ein Kind steht zumeist für neue Möglichkeiten. Die Weiterentwicklung der Persönlichkeit und des Lebens als Ganzes werden so angezeigt. Es kann jedoch auch ein Hinweis auf Unreife und regressive Tendenzen sein. Auch hier geht es darum, aus diesen Mustern herauszukommen. Als Symbol eines unbekümmerten Lebensabschnitts, kündigt das Kind auch Leichtigkeit, Spiel und damit mehr Lebendigkeit an.

K

Kirsche

Lust, Leidenschaft, Enttäuschung

Die Kirsche ist süß, ihr neckisches Rot steht für heiße Küsse, Liebe, Lust und Leidenschaft. Doch ist sie sauer, kann dahinter auch eine Enttäuschung stehen. Ihr harter Kern könnte ein Zeichen für Probleme sein, die sich hinter den aufwallenden Gefühlen verbergen. Schauen Sie für weitere Hinweise auch unter »Frucht« nach.

Kiste

Verdrängtes, Geheimnis, Mühsal, Gewinn

In der Kiste verstaut man die Sachen, die in den Keller sollen. Sie steht so für etwas, das man nicht mehr sehen (und vielleicht nicht mehr wahrhaben) will, aber doch nicht loswerden kann. Kisten verweisen deshalb auf Verdrängtes. Dabei ist der Inhalt entscheidend. Und nur wer sie ausgräbt und aufbricht, erfährt das Geheimnis. Mühselige Aufgaben liegen vor dem, der eine Kiste schleppen muss. Gleichzeitig kann in ihr auch ein Schatz verborgen sein, was reichen Gewinn verspricht.

K

Kleeblatt
Glück, Lob, Männlichkeit

Das Kleeblatt verheißt Gutes. Nicht umsonst wird jemand »über den Klee gelobt«. Schon die alten Druiden verehrten den Klee als Zauberpflanze. Auch im Christentum wurde diese Hochachtung weitergeführt und in den drei Blättern die göttliche Dreifaltigkeit gesehen.
Wie viele Blätter hat ihr Kleeblatt? Können Sie es erkennen? Vierblättrig ist der Klee ein ausgesprochenes Glücksymbol. Etwas Gutes wird passieren. Drei Blätter sind normal. Die Dinge nehmen weiter ihren wohlgeordneten Lauf.

Knopf
Erotik, Verschluss, Helfer

Ein Hemd oder eine Hose aufknöpfen kann etwas sehr Erotisches sein. Freuen Sie sich auf das, was sich darunter verbirgt! Oder verschließen Sie mit dem Knopf etwas, damit es niemand sehen kann? Steckt darunter ein Geheimnis, das Sie bewahren und behüten möchten? Dann sollten Sie sich darum kümmern, dass er sich nicht so schnell löst. Erst der Knopf sorgt dafür, dass z. B. die Hose auch sitzt und nicht herunterrutscht. Sie erhalten einen nützlichen Helfer im Alltag.

K

Koffer – siehe Tasche

Komet – siehe Sternschnuppe

Kopf
Geist, Verstand, Intellekt

Ein Kopf betont die rationale Seite im Menschen: den
Geist und den Verstand. Kopflos handelt, wer impulsiv
ist, ohne über seine Aktionen zu reflektieren. Das endet
schnell im Chaos.
Gleichzeitig kann der Kopf auch darauf hinweisen, sich
als Mensch zu sehr auf den Intellekt zu konzentrieren.
Ist das der Fall, werden die Gefühle unterdrückt oder
zumindest vernachlässigt. Wenn Gefühl und Verstand
wieder im Einklang sind, werden die kommenden Aufgaben bestanden.

Korb
Fruchtbarkeit, Erdung, Alltäglichkeit, Ablehnung

Ein Korb ist ein Hilfsmittel zum Tragen. Als Symbol des
weiblichen Schoßes steht er für Fruchtbarkeit. In anderem Zusammenhang drückt er die Erdung eines Men-

schen aus und spiegelt dessen Fähigkeit, gut mit dem alltäglichen Leben zurechtzukommen. Einen Korb zu bekommen, heißt in einer Beziehung abgelehnt zu werden. Wird so etwas befürchtet?

Korn
Geistige Nahrung, Fülle, Erfolg, reiche Ernte

Körner sind Grundnahrungsmittel. So stehen sie einmal für die physische Versorgung, sind aber symbolisch vor allem auch als geistige Nahrung zu verstehen. Im Zusammenhang mit der Ernte versinnbildlichen sie Fülle und damit Erfolg. Allerdings braucht es manchmal etwas Zeit, bis die Dinge gedeihen. Dann aber wird der Ertrag um so reicher ausfallen; so wie aus einem Korn viele Körner wachsen. Nur geht das eben nicht von heute auf morgen.

Krake – auch Tintenfisch
Verdrängung, Angst, Kontrollverlust, Gefahr

Die Krake wartet in der Tiefe, um einen hinabzuziehen. Die See symbolisiert dabei Gefühle und Unbewusstes. Eine Krake steht so für die Angst, in seinen eigenen Gefühlen zu ertrinken, von verdrängten, zurückkehren-

K

den Erinnerungen überflutet zu werden und die Kontrolle zu verlieren. Sie ist ein Symbol für die Schattenseiten im Menschen, die einen dann packen, wenn man am wenigsten damit rechnet. Auch die Gefahr, sich zu verirren, gehört dazu, denn die Tinte vernebelt die Sicht. Hier heißt es Luft anhalten und durchtauchen. Trübe Wasser klären sich schließlich.

Kranz – siehe Krone

Krebs
Innere Konflikte, Schwierigkeiten, Angst

Der Krebs nähert sich einem Ziel nie direkt, sondern seitlich. Zudem lebt er im Verborgenen. Diese ausweichende, schwache Verbindung zur äußerlichen Welt macht ihn zu einem Symbol innerer Konflikte und kommender Schwierigkeiten. Auch Unglück und Tod werden mit ihm verbunden. Als Krankheitsbild drückt er die Befürchtung aus, innerlich zerfressen und zerstört zu werden. Hinter diesem Zeichen stehen oft Ängste, denen man sich stellen muss.

K

Kreuz
Zeit, Raum, Geist, Materie, Ordnung, Stabilität

Die vier Enden des Kreuzes symbolisieren die Jahreszeiten und die Himmelsrichtungen. Damit umfassen sie Zeit und Raum. Gleichzeitig kreuzen sich die Achsen der physischen (horizontalen) und der spirituellen (vertikalen) Welt. Geist und Materie kommen zusammen. Das Kreuz verbindet so die Aspekte des Seins zur einer gemeinsamen Ordnung. Stabilität ist die Folge.

Krippe – siehe Wiege

Krokodil
Gefahr, Angst, Ekel, Wildheit

Von den Indianern werden Krokodile als Schöpfer der Welt verehrt, die im Urmeer leben. Ihre Drachenähnlichkeit betont den mythischen Zug dieser Tiere. Sie bedeuten jedoch vor allem Gefahr. Ein Krokodil verkörpert die Angst verschlungen zu werden. Auch Ekel kann damit verbunden sein. Unter der Wasseroberfläche verborgen, greift es überraschend an. Das Wasser symbolisiert dabei die Gefühle und so drückt sich im Krokodil die Furcht vor einer untergründigen, plötzlich erscheinenden Bedrohung aus, die die emotionale Stabilität zutiefst erschüttern wird.

Krone – auch Kranz
Macht, Schutz, geistige Erfüllung, Überhöhung

Die Krone verleiht seinem Träger Macht und Ausstrahlung. Sie symbolisiert Herrschaft, Würde und Autorität. Wer unter dem Zeichen der Krone steht, wird allseits respektiert und anerkannt. Nicht nur das: Das Wort »Krone« leitet sich aus dem lateinischen »Corona« ab, was »Kranz« bedeutet. Der Kranz war zum Beispiel bei Sumerern und Etruskern ein Kopfschmuck, der seinen Träger beschützen und kräftigen sollte. Zudem ist der Kranz ringförmig; der Ring steht für Kontinuität, die Form des Kreises für Vollkommenheit.
Auf der spirituellen Ebene wird der Krone außerdem eine hohe Bewusstseinsstufe zugesprochen. So steht das Kronen-Chakra (Sahasrara), das sich auf dem Scheitelpunkt des Kopfes befindet, für die Verbindung mit der geistigen Welt, für Inspiration und Intuition.

K

Krug
Gefühle gestalten, Fülle, Leere, fehlende Ganzheit

Flüssigkeiten, besonders Wasser, sind Sinnbilder der Gefühle. Der Krug wiederum umschließt sie und gibt ihnen so eine Form. Seine eigenen Gefühle und seelischen Bedürfnisse zu erkennen und zu gestalten – dieses Thema spricht das Symbol an.
Lässt sich erkennen, ob der Krug gefüllt oder leer ist, sind weitere Deutungen möglich. Ein voller Krug steht für kommende Fülle, ein leerer deutet auf Erschöpfung hin.

Kuh
Gewinn, Ausbeutung, Glück, Dummheit

Kühe sind wichtige Nutztiere. Gewinn ist zu erwarten oder allgemein Erfolg. Es kann aber auch bedeuten, selber ausgebeutet, »gemolken«, zu werden. Ist der Euter prall gefüllt, kündigt sich Glück an. Als Milchspender symbolisiert sie Mütterlichkeit und das ewig Weibliche. Das verweist auf Fruchtbarkeit. Aber auch für Dummheit steht die Kuh.

Kutsche – siehe Wagen

L

Lanze
Kampf, sich durchsetzen, Verletzungen

Mit der Lanze begeben Sie sich in den Kampf. Steuern Sie Ihre Aggressionen in die richtige Richtung. Die Waffe in Ihrer Hand wird Ihnen dabei helfen, Ihre Interessen durchzusetzen. Ein vorher als unerreichbar eingeordnetes Ziel ist jetzt nicht mehr weit entfernt. Doch bei so viel Auseinandersetzung und mühevollem Vorwärtsstreben können auch körperliche und seelische Verletzungen die Folge sein. Seien Sie tapfer. Ertragen Sie den Schmerz. So beweisen Sie Haltung und können sich der Anerkennung anderer sicher sein.

Lampe – siehe Laterne

Laterne
Leben und Tod, geistige Klarheit, Erkenntnis

Mit einer Laterne verbinden viele Kulturen das Licht des Lebens. Es kann hell und leuchtend strahlen, aber auch trüb schimmern und verlöschen. Damit steht die Laterne für Leben und Tod. Ebenso symbolisiert sie die Bewusstseinzustände. Je heller eine Laterne leuchtet, desto klarer ist der Geist. Die Laterne bringt Einsicht und Erkenntnis.

L

Leiter

Veränderung, Hindernis, Flucht

Eine Leiter verbindet verschiedene Ebenen miteinander und macht es uns möglich, diese zu erklimmen. Damit verweist sie auf Veränderungen in den Lebensumständen; häufig in der beruflichen Laufbahn. Außerdem lassen sich mit ihr Hindernisse überwinden. So ist sie notwendig für viele Fluchten. Vielleicht geht es darum, aus beengend empfundenen Situationen oder aus einem durch äußere Begrenzung bedingten Stillstand zu entkommen. Beschädigte Leitern warnen vor unsicheren Wegen und Absturz.

Löffel

Bevormundung, Neid, Tod, Einladung

Der Löffel verheißt nicht viel Gutes. Löffel sind das erste Besteck, mit dem Kinder gefüttert werden. Das kann auf eine Bevormundung hinweisen. Auch Neid aus der Umgebung steckt manchmal hinter diesem Symbol. Den Löffel abzugeben, steht für den Tod. Das kann das Ende eines wichtigen Projektes oder einer Beziehung bedeuten. Wer etwas auslöffeln muss, kommt nicht so schnell und nur mit viel Frusttoleranz aus einer unangenehmen Situation heraus. Als positive Ausnahme kündigt ein Löffel manchmal eine Einladung an.

L

Löwe

Erhabenheit, Lebensenergie, Stärke, Macht, Mut

Der Löwe steckt voller Bedeutungen. Immer ist er ein erhabenes Tier und oft königlich. Im alten Ägypten symbolisierte er die Sonne und im antiken Griechenland gehörte er zu Bacchus und den Liebesgöttinnen. Er steckt voller Lebensenergie und versinnbildlicht starke Triebe. Manchmal gilt es, diese zu zähmen, um nicht von seinen Leidenschaften verschlungen zu werden.

Ein Löwe kann auch vor einem Pascha warnen. Dieses Tier ist zwar der König des Rudels, lässt aber gerne die Löwinnen jagen, um dann wiederum als Erster die besten Stücke der Beute zu verzehren.

Als Wappentier vieler Höfe, drückt er Stärke und Macht aus. Wer ein Löwenherz besitzt, braucht sich vor nichts zu fürchten.

M

Madonna
Reinheit, Glaube, spirituelle Erweckung, Mütterlichkeit

Die Madonna ist vor allem eine christliche Figur. Reinheit und Glaube werden mit ihr verbunden. Als Mutter von Jesus Christus, dem Sohn Gottes, gebiert sie im übertragenen Sinne den Glauben. Madonnenerscheinungen sind häufig spirituelle Erweckungserlebnisse.
Zudem ist sie ein Sinnbild für Mütterlichkeit, Fürsorge um ein Kind, und damit für Geborgenheit und Halt – Urbedürfnisse jedes Menschen. Die Madonna ist ein Sehnsuchtssymbol. Die Suche nach Spiritualität und innerem wie äußerem Halt steht im Vordergrund.

Mandel
Samen, Schwangerschaft, Sex

Einst wurde in der Alten Welt der Saft gepresster Mandeln dem männlichen Samen gleichgestellt. In der Antike wurde ihr geschützter Kern auch mit einer Schwangerschaft assoziiert. Deswegen wurde sie bei Hochzeiten ausgestreut, und wird auch als Sexualsymbol gesehen. Die Mandel könnte auf Nachwuchs oder auf ein erotisches Abenteuer hinweisen.

M

Mann
Begegnung, Macht, Autorität, durchsetzen

Ein Mann tritt in Ihr Leben und wird einiges umwerfen. Freundschaft, Beziehung, Geburt: Alles ist möglich und sorgt für Bereicherung.
Dem Mann werden im klassischen Sinne Attribute wie Macht, Herrschaft, Autorität und Aggression zugeordnet. Es könnte darauf hinweisen, dass Sie sich gegen eine Person durchsetzen oder etwas widerstehen müssen.

Mantel
Schutz, Kälte, Abwehr

Vor was soll Sie der Mantel schützen – vor Ihrer Gefühlskälte jemandem gegenüber? Oder wehren Sie sich gegen den Regen, der von hereinbrechenden Gefühlen zeugen kann. Gerät dadurch etwas in Unruhe, was Sie eigentlich beschützen möchten? Oder wird hier Ihr ureigener Wunsch nach Geborgenheit deutlich? Wollen Sie ein Geheimnis bewahren? Wollen Sie sich hinter einem Mantel mit hochgestelltem Kragen verstecken, damit Sie niemand erkennt? Oder müssen Sie ganz einfach Ihre Gesundheit bewahren und eine drohende Krankheit abwehren?

M

Maschine/Motor

Energie, Triebe, Gesundheit, kommende Aufgaben

Maschine und Motor verweisen zum einen auf die funktionalen Bereiche des Körpers wie Herz und Atmung, zum anderen auf Energie und Triebkräfte. Gesundheit und Kraft oder mangelnde Kraft für kommende Aufgaben werden hier thematisiert.

Eine Maschine kann sowohl für Erfolg stehen als auch für Stumpfsinn. Ein Motor kann intakt sein oder nicht mehr funktionieren.

Wie es um Ihre Lebensenergie bestellt ist, sollte als Nächstes gefragt werden. Sie können dafür entweder durch die Schattenbilder (siehe Einleitung) neue Symbole suchen oder einen zweiten Bleiguss machen.

Maske

Unsicherheit, Angst, erotische Abenteuer

Oft verbirgt sich Unsicherheit bis hin zu Minderwertigkeitsgefühlen hinter diesem Symbol. Eine Maske zu tragen, ist häufig verbunden mit dem Wunsch, seiner Umwelt ein geschöntes Bild zu präsentieren. Die erstarrten Gesichtszüge deuten auf Ängste hin. Wer es versteht, hinter eine Maske zu schauen, erkennt die wirklichen

Zusammenhänge. Zuallererst sollte man zu sich selbst ehrlich sein.

Als Theater- und Karnevalsutensil steht die Maske für Spaß, Lust und erotische Abenteuer.

Maus
Zuneigung, düstere Gedanken, Unruhe, Überlebenswillen

Das kleine Mäuschen ist niedlich. Häufig verwendet als Kosename, drückt sich so Zuneigung aus.

Die Maus trägt mit ihrem zumeist grauen Fell aber auch eine Geisterfarbe. Das steht für Unscheinbarkeit und kann auf düstere Gedanken hinweisen. Mäuse tauchen auch dann auf, wenn man unruhig, verunsichert oder von Gewissensbissen geplagt ist. Vielleicht sollten Sie einmal genauer auf Ihre inneren Stimmen hören.

Hungersnot und Pest bringend, galten Mäuse lange als Todesboten. Sie sind aber gleichzeitig Überlebenskünstler und überstehen jede Notlage.

Medaille – oder Orden
Erfolg, Ergeiz, Anerkennung, Äußerlichkeit, Eitelkeit

Medaillen stehen für Erfolg. Auch Ehrgeiz drückt sich in ihnen aus und das Bedürfnis nach Anerkennung vor anderen. Das alles ist äußerlich. Innere Qualitäten sind hier nicht von Interesse.

Ein Orden ist eine längerfristig erworbene Auszeichnung, die z. B. mit der Aufnahme in eine Gemeinschaft oder Gruppe verbunden sein kann. Auch beim Orden geht es mehr um das »Darstellen« als um das »Sein«. Eitelkeit und Geltungssucht können dahinterstecken.

Messer
Eine Entscheidung treffen, Waffe, durchsetzen

Eine Entscheidung steht an. Es wird nicht leicht, sie zu treffen. Vielleicht besteht ein hohes Risiko, vielleicht bedroht Sie Gefahr. Dann brauchen Sie das Messer, um damit zu kämpfen und sich gegen jemanden oder etwas durchzusetzen. Auf dieser Jagd können Sie etwas erlegen, das heißt ein Ziel erreichen. Doch richten Sie die Waffe nicht unnötig auf jemanden. Sie selber könnten Opfer eines schmerzhaften Gegenangriffs werden.

Mönch
Besinnung, Glaube, Disziplin, Körperfeindlichkeit

Mönche stehen für ein weltabgewandtes, auf immaterielle Werte konzentriertes Leben. Das benötigt viel Disziplin und setzt einen starken Glauben voraus. Besinnung und geistige Tiefe werden damit verbunden, gleichzeitig aber auch übermäßige Selbstbeherrschung. Das Mönchsleben gilt als eine lustfeindliche Lebensweise, die jedoch zu einem höheren Ziel führt.

Mörser
Mühsal, Veränderung

Der Mörser ist heute ein nur noch wenig gebrauchtes Utensil. Man verwendete ihn vor allem, um Medikamente herzustellen, wobei die einzelnen Bestandteile zerstoßen werden. Das ist eine mühsame Prozedur, die auf schwierige Aufgaben verweist. Vielleicht gibt es auch bald eine »bittere Pille« zu schlucken. Etwas zu zersetzen, kann die Loslösung aus sehr festsitzenden »harten« Beziehungsmustern bedeuten.

Möwe
Freiheit, Unabhängigkeit, Abenteuer

Wie auch Adler, Falke und andere Vögeln steht die Möwe für die Sehnsucht nach Freiheit und Unabhängigkeit. Allerdings kommt hier noch ein anderer Aspekt zum Tragen: das Meer. Es drückt Fernweh und die Suche nach Abenteuern aus.

M

Die berühmteste Möwe ist Jonathan. Diese literarische Figur ist selbst zu einem Symbol geworden. Sie steht für die Suche nach spiritueller Entwicklung und der Überschreitung der eigenen Grenzen.

Mond
Erneuerung, Weiblichkeit, Intuition, Sinnlichkeit

Unmerklich und doch stetig beeinflusst der Mond die Gezeiten der Erde und den Kreislauf des Lebens. Er erinnert uns so an die oft ebenso unmerklichen äußeren Kräfte, die den Menschen beeinflussen.
Die Mondphasen versinnbildlichen den Kreislauf universellen Werdens und fortwährender Erneuerung. Zumeist als weibliches Zeichen verstanden, steht der Mond für Fruchtbarkeit, Intuition, Fürsorge und Sinnlichkeit. Auch Schönheit, Gelassenheit und Frieden werden mit ihm in Verbindung gebracht.

Monster
Angst, Missverständnis, Unruhe

Hilfe! Schrecklich sieht das Monster aus, es macht uns Angst und lässt uns schreiend davonlaufen. Meist ist es jedoch in einer anderen Absicht geschaffen worden. So kann es auf ein Missverständnis hindeuten, das für Unruhe in Ihrem Leben sorgt. Passen Sie auf, dass das Untier Sie nicht beim Flüchten frisst, sondern stellen Sie sich ihm mutig in den Weg. So wird aus dem bedrohenden Etwas schnell ein armes Ding, das einsam und unverstanden ist. Dann kann sich auch eine vertrackte Situation wieder auflösen.

Mühle
Anstrengung, Erfolg, Veränderung, Liebe

Am Klappern hört man schon von Weiten, dass hier gearbeitet wird. Daher steht die Mühle für Anstrengungen, gleichzeitig auch für Erfolg und Wohlstand, die daraus resultieren. Die Verarbeitung des Korns zeigt Veränderung oder Verwandlung an. Eine gute Versorgung und damit Sicherheit bringt das Mehl mit sich. Außerdem sind Mühlen romantische Orte an plätschernden Bächen und Flüssen. Das verweist auf die Liebe.

Münze
Freiheit, Zwang, Energie, Liebe

Münzen sind ein vielfältiges Symbol voller positiver und negativer Assoziationen. Die Taschen voller Münzen zu haben, wünschen sich viele Menschen. Ihr Besitz schafft Handlungsspielräume. Möglichst viel von ihnen zu bekommen, kann aber zum lebensbestimmenden Zwang werden. Freiheit und Unfreiheit sind die Konflikte, die dahinter stehen, nicht der materielle Besitz.

Als Mittel zum Geben und Nehmen ist das Verhalten in der Liebe ein Thema, das Münzsymbole ausdrücken können, ebenso der Umgang mit der eigenen Energie. Auf Gleichmäßigkeit müssen Sie achten.

Muschel
Sexualität, Unlust, Lust, Urlaub

Muscheln sind Sexualsymbole. Sie stehen für das weibliche Geschlecht. Ist die Muschel geschlossen, bedeutet das Unlust, auch Hemmung. Dem Muschelfleisch wird jedoch eine aphrodisierende Wirkung zugeschrieben. Die (körperliche) Liebe wird stimuliert. Die Assoziation von Wärme, Sonne, Strand und Meer tun dem Körper ebenfalls gut. Ein Urlaub im Süden ist angesagt.

N

Nadel

Männlich und weiblich, Schmerz, Bewusstsein, endende Freundschaft

Nadeln sind sowohl weiblich wie männlich besetzte Zeichen, bestehen sie doch mit dem Nadelöhr und ihrer Stabförmigkeit aus einem Vagina- und einem Phallussymbol. Mit einer Nadel zu stechen steht für körperlichen und seelischen Schmerz. Bewusstseinsarbeit ist mit ihr doppelt verbunden: Einzelne Teile werden mit der Nadel zusammengenäht, bis ein größeres Ganzes entsteht. Höchstes Bewusstsein leitet sich vom »etwas auf die Spitze treiben« ab.
Die sprichwörtliche Nadel im Heuhaufen zu finden, kündet von einer schwierigen, am Ende erfolgreichen, Suche. Nach altem Volksglauben sagt man zudem, »eine Nadel sticht eine Freundschaft tot«.

Nagel

Festmachen, Entscheidung treffen

Mit dem Nagel wird etwas befestigt. Das steht auch bei Ihnen an – Schluss mit dem hin und her Wackeln. Machen Sie Nägel mit Köpfen. Treffen Sie eine wichtige Entscheidung. So kommen Sie ans Ziel und vieles wird danach einfacher sein.

N

Nashorn
Männlichkeit, Sexualität, Trieb, Aggression

Vor allem in der asiatischen Kultur wird dem Nashorn besondere Zeugungskraft zugesprochen. Es steht für eine animalische, ungezügelte Sexualität und allgemein für ein triebgesteuertes Leben. Sein Erscheinen kann eine Warnung sein, vor allem als Sinnbild männlicher Aggression. Man(n) sollte seine Tatkräfte nicht außer Rand und Band geraten lassen.

Nest
Wärme, Schutz, Familie

Das Nest ist das Zuhause. Dort ist man geschützt und im Warmen. So spiegeln sich hier die positiven Assoziationen wider, die man mit Häuslichkeit verbindet. Aber ein Vogel baut ein Nest niemals für sich alleine. Er möchte dort seinen Nachwuchs aufziehen. Der Nestbau ist ein wichtiger Schritt auf dem Weg zur eigenen Familie. Haben sie bereits eine, geht es vielleicht einfach darum, wieder mehr Zeit mit ihr zu verbringen.

N

Nixe
Inneres Reifen, Reise in das Unbewusste, Geheimnis

Die Nixe ist ein geheimnisvolles Wesen. Sind Sie ein Mann? Dann will dieses seelenlose Ding Sie sicherlich verzaubern und willenlos machen. Sie werden Ihre Ängste überwinden und ihr verfallen. Aber der Ausgang der Geschichte ist ungewiss. Wenn Sie eine Frau sind, sehnen Sie sich vielleicht genau nach dieser Rolle der Verhexerin.
In der Psychologie bedeutet die Nixe auch eine Reise ins Unbewusste. Sie ist eine Grenzgängerin und steht für Weiterentwicklung und inneres Reifen. Etwas Aufregendes, Geheimnisvolles wartet darauf entdeckt zu werden.

Nuss
Glück, Fruchtbarkeit, Geduld

Die Nuss birgt ein Abbild des Menschen in sich. Ihre grüne Schale symbolisiert das Fleisch, die harte Schale die Knochen und der weiche Kern die Seele. Durch ihr schmackhaftes Inneres steht sie auch für das Geistige und Wesentliche das in der Kapsel verborgen ist. Sie verweist damit auf Gutes und als zu sammelnde Ernte steht sie für kommendes Glück. Fruchtbarkeit kann sich ebenfalls durch sie ankündigen. Ihr beschützter, geborgener Kern lässt sich übertragen auf das Ungeborene im Mutterleib.

Das etwas mühselige Entkernen erinnert daran, Geduld zu haben.

O

Obst – siehe Frucht

Ochse
Stärke, Geduld, Opferbereitschaft, Reichtum, Armut

Ochsen sind kraftvoll aber zugleich gebändigt. Eine friedliche Stärke wird mit ihnen verbunden. Langsam, aber stetig, ziehen sie schwere Lasten und sind so geduldige Diener. Übertragen drückt sich durch sie die Bereitschaft aus, für andere zurückzustehen und Opfer in Kauf zu nehmen.
Ein fetter Ochse steht für Reichtum, ein schmaler für magerere Zeiten. Das kann sich sowohl auf den materiellen Besitz als auch auf den ideellen beziehen.
Als Sexualsymbol werden manchmal Potenzträume, meist älterer Menschen, durch den Ochsen versinnbildlicht.

Ofen
Wärme, Kälte, Beziehungen, Nachkommen

Ein Ofen symbolisiert zwischenmenschliche Wärme und Kälte »der Ofen ist aus«. Damit verweist er oft auf Unsicherheit und Probleme in den Beziehungen und kündigt auch manchmal deren Ende an.

O

Auch die Nachkommenschaft wird gelegentlich mit diesem Zeichen verbunden, »einen Braten in der Röhre haben«. Denn die hohle Form, in der etwas gebacken wird, ist ein Gleichnis für den fruchtbaren Mutterschoß.

Ohr
Höhere Weisheit, weibliche Genitalien, Aufmerksamkeit

In manch altindischen Überlieferungen wurde der Buddha durch ein Ohr geboren. Das spielt sowohl auf die Verbindung zu den Göttern an, deren Weisheit man mit dem Ohr empfängt, als auch auf das Ohr als Symbol der weiblichen Genitalien. Zudem drückt sich in ihm die Individualität jedes Menschen aus.
Die Notwendigkeit, sich auf andere einstellen zu können, wird hier ebenfalls angesprochen. Denn wer ein gutes Ohr hat, kann zuhören. Im Gegenzug erhält man selbst mehr Aufmerksamkeit.

P

Palme

Ewigkeit, Sieg, Erfolg, Freude

Im antiken Orient war die Palme Gottes- und Lebensbaum. Sie ist ein immergrünes Gewächs, was sie zu einem Zeichen für Ewigkeit macht. Hochgewachsen und mit einem elastischen, allen Stürmen trotzenden, Stamm versehen, zeigt sie Sieg und Erfolg an. Ihre Zweige symbolisieren Freude und Frieden. Mit Palmwedeln ließen sich Fürsten früher kühle Luft zufächeln und sie steht dort, wo es warm ist. Wo Palmen wachsen, findet sich Ruhe und Erholung.

Pantoffel

Es sich gemütlich machen, entspannen, eine ruhige Kugel schieben.

Genießen Sie Ihre Zeit. Flüchten Sie vor Hektik und Stress, so gut es geht. Ihr Körper und die Seele werden es Ihnen danken. Die Welt da draußen ist anstrengend und bedrohlich genug. Ziehen Sie sich so oft es geht dahin zurück, wo Sie sich wohlfühlen, wo Ihr zu Hause ist. Verlassen Sie diesen Ort nur, wenn es Sie wirklich nach draußen zieht. Hören Sie auf ihr Inneres! Die Zeit für Tatendrang und große Aktionen kommt schon wieder früh genug.

P

Papagei
Klatsch, Gedankenlosigkeit, Lob, Exotik

Ohne nachzudenken drauflosplappern: Dafür steht der
Papagei. Denn er kann zwar menschliche Laute nach-
ahmen, versteht aber ihren Sinn nicht. Auch böswilliger
Klatsch wird so weiterverbreitet. Man sollte lieber den
eigenen Kopf benutzen, anstatt nur zu wiederholen, was
andere vorgeben.
Manchmal kündigt der Papagei aber auch Lob an. Als
schräger Vogel steht er zudem für Exotik, der bald durch
die Lüfte flattert.

Peitsche
Macht, Aggression, Unterwerfung, Kränkung, Vorankommen

Peitschen sind Macht- und Folterinstrumente. Sie dienen
dazu, Menschen zu brechen. Das setzt tiefe Verachtung
voraus, Hass und Aggression.
Auch sexuelle Aspekte tauchen hier manchmal auf. Die
Peitsche steht dann für den Wunsch, andere oder sich
selbst unterwerfen zu wollen. Das kann körperlich und/
oder geistig geschehen. Wer sehr stark gekränkt wurde,
fühlt einen Schmerz wie durch einen Peitschenhieb, und

P

sinnt vielleicht auf Rache. Beim Fahren mit der Kutsche die Peitsche zu schwingen, bedeutet schneller voranzukommen.

Perle
Schönheit, Liebe, Vollkommenheit, Erfüllung

Perlen sind schön und luxuriös. Sie stehen für wertvolle und besondere Dinge, die einem gehören oder begegnen. Weibliche Geliebte verbergen sich oft hinter diesem Zeichen. Die Perle verkörpert durch ihre runde Form auch seelische Vollkommenheit und allgemein Erfüllung. Zerrissene Perlenketten symbolisieren Unglück und Sorgen wegen eines Verlustes.

Pfanne
Häuslichkeit, Verwandlung, Gewinn

Die Pfanne ist ein allgemein gebräuchliches Küchengerät. Sie drückt zum einen Häuslichkeit aus; zum anderen ist das Braten ein Vorgang, durch den etwas Rohes genießbar gemacht wird. Diese Verwandlung verspricht einen Gewinn.

P

Pfau
Göttlichkeit, Unsterblichkeit, Auferstehung, Eitelkeit

Der Pfau schmückt die Götter. In der Antike war er Hera geweiht, der Göttin der Ehe und Niederkunft. Seine Flügel trugen die Augen eines Cherubim, einem Wächter des Paradieses. Im frühen Christentum galt er als unverweslich, was ihn zu einem Symbol für Unsterblichkeit und Auferstehung machte. Zudem kündigt sein Ruf den Regen an. Er ist ein besonderes Tier für besondere Menschen und besondere Zeiten. Aber auch Eitelkeit bringt er mit sich. Zuviel von ihr wird Ablehnung provozieren.

Pfeife
Unsicherheit, Genuss, Erholung, Fremdbestimmung

Wie mit der Zigarette sind auch mit der Pfeife oft Unsicherheit und Schwierigkeiten mit sich selbst verbunden. Pfeifen stopfen und rauchen ist jedoch ein langsamer und manchmal sogar meditativer Vorgang. Die Pfeife kann deshalb auch für die notwendige Ruhe, den Genuss und die Erholung stehen.
Als Trillerpfeife oder Flöte symbolisiert die Pfeife Fremdbestimmung. Wer nach ihr tanzen muss, ist nicht Herr seiner Selbst.

P

Pfeil

Liebe, Ziel erreichen, Frieden

Ein Liebespfeil kann ihr Herz durchbohren. Hoffentlich sorgt er für mehr Glücksgefühle als Schmerzen. Oder treffen Sie bei einer sorgfältig vorbereiteten Sache endlich ins Schwarze und gelangen so an das heiß ersehnte Ziel? Ist der Pfeil zerbrochen, kann er aber auch für Frieden in einer für Sie zuletzt unangenehmen Auseinandersetzung sorgen. Endlich kehrt wieder Ruhe ein.

Pferd

Lebenskraft, Energie, Reichtum, Tod

Das Pferd steckt voller Kraft und Anmut. Mit seiner Dynamik steht es für Schnelligkeit und Potenz.
Als wertvolles, schönes Tier ist es bis heute ein Statussymbol und zeigt den Wohlstand seines Besitzers. Schon in der Antike symbolisierten Pferde den Reichtum und Glanz eines Herrscher, wenn sie den Sonnenwagen zogen.
Das Christentum verstand sie aber auch als Symbole der Wolllust und als Todesboten. Damit ist ein Pferd gleichermaßen Sinnbild für Lebensenergie und Todestrieb. Starke Kräfte, die auf Veränderung drängen, kommen zum Vorschein.

P

Pflaume – siehe Frucht

Pflug
Geschlechtsverkehr, Landleben, Tatkraft, Aufbruch

Im Mittelalter gab es den Brauch, ledige Mädchen in der Fastnacht einen Pflug durchs Dorf ziehen zu lassen. Das Pflügen steht dabei für den Geschlechtsverkehr.
Der Wunsch nach einem einfachen (Land-)Leben steckt in der Verbindung zum bäuerlichen Dasein. Vor allem aber ist die Arbeit mit dem Pflug anstrengend und zeugt von Tatkraft und einem starken Überlebenswillen. Das Öffnen der Krume und die Verbindung zum Frühjahr, die Zeit der Aussaat, stehen für einen neuen Aufbruch, der hart erarbeitet werden muss.

Phallus/Penis
Fruchtbarkeit, Zeugungskraft, erfüllte Sexualität, Kreativität

Wenn sich da nicht mal Nachwuchs ankündigt – schließlich gilt der Phallus schon seit frühester Zeit als Symbol für Fruchtbarkeit und Zeugungskraft. Es kann aber auch sein, dass er einfach auf ein ausgefülltes

P

Sexualleben hinweist. Manchmal wird er auch als Zeichen für schöpferische Fähigkeiten und Kreativität gesehen. Machen sie sich also ans Werk. Es wird sicher etwas Gutes dabei herumkommen.

Pilz
Ekstase, Spiritualität, Hingabe

In manchem Pilz verbergen sich geheime Kräfte. Sie können berauschen und lösen oft ekstatische Zustände, sowohl spiritueller als auch sexueller Natur aus. Ein Pilz allgemein ist als Warnung zu verstehen, aber auch als Zeichen der Lust auf neue Erfahrungen und Hingabe. Aber Vorsicht! Die Grenze zum gefährlichen Kontrollverlust ist manchmal näher, als man denkt.

Pinguin
Sympathie, Spaß, Freundschaft

Der Pinguin ist ein feiner Kerl. Weil er in seinem Frack und mit seinen Watschelbewegungen so lustig aussieht, bringt er uns zum Lachen. Doch ihn zu verspotten, wäre falsch: Furchtlos ist er und stets interessiert an Neuem. Weil er uns so sympathisch ist, macht die Begegnung mit ihm Spaß und dann kann er auch noch ein richtig guter Freund werden.

P

Pinsel

Kreativität, Realitätsflucht, Lust

Als Werkzeug der Künstler ist der Pinsel eng verbunden mit einer schöpferischen Phase, die vielleicht bald anbricht. In Tagträumen, dem Ausmalen der Wirklichkeit, werden Wünsche sichtbar und neue Wege aufgezeigt. Sie sind aber auch eine Flucht aus der Realität. Damit sollte man aufpassen, denn so kommt man nicht weiter. Der Pinsel ist außerdem ein Phallussymbol und damit ein Zeichen für Lust und Liebe.

Pistole

Macht, Aggression, Opfer, Sport

Mit der Pistole in der Hand drohen wir anderen und setzen unsere Interessen durch. So ist sie ein Symbol für Macht und Aggression. Sie wird Ihnen dabei helfen, ein Ziel zu erreichen. Vielleicht bringen Sie auch etwas zu Ende und starten dann in eine neue Richtung. Doch um welchen Preis? Der Einsatz einer Waffe birgt viele Gefahren. Seien Sie vor sich selber auf der Hut! Oder betrachten Sie die Sache sportlich: Schießen kann man schließlich auch auf Zielscheiben oder Tontauben. Wer hier am Genausten trifft, hat am Ende gewonnen und kann sich so des Respekts seiner Gegner sicher sein!

P

Planet

Fremdheit, Ferne, Sehnsucht, überraschender Sex

Planeten sind ferne, fremde Welten. Sie stehen für das Unbekannte und Sehnsuchtsvolle, erspähen wir sie doch am nächtlichen Himmel. In der Ferne auf anderen Planeten, oder nur in unseren Sehnsüchten, leben aber auch die interessantesten Menschen; so wie der Mann, der vom Himmel fällt – und zwar direkt in Ihr Bett. Machen Sie sich bereit.

Po

Strafe, Erotik, Bequemlichkeit, Ruhe

Po, Hintern, Arsch – in dem Symbol kann viel drinstecken. Schöngeformt setzt er erotische Reizpunkte. Eng verbunden ist dieser Körperteil mit Strafe. Denn da bekommt man sie drauf. Bequeme Menschen sollten sich etwas mehr Mühe geben, in Gang zu kommen. Aber auch der Wunsch nach weniger Hektik und Stress kann hier hineinspielen. Dann heißt es hinsetzen, ausruhen.

P

Pokal
Glück, Erfolg, Anerkennung, Leistung

Wer einen Pokal bekommt, hat etwas gewonnen. Das bedeutet kommende Freude und Glück. So lassen sich neue Vorhaben guten Mutes in Angriff nehmen, denn die Chancen stehen gut, weiter Erfolg zu haben.
Der Pokal steht auch für Anerkennung, die auf Leistung beruht. Er kann uns dazu ermutigen, vielleicht wieder etwas mehr Arbeit für das nächste Ziel in Kauf zu nehmen. Eine solche Anstrengung wird bemerkt und belohnt. Außerdem kann er ein besonderes Ereignis ankündigen.

Propeller
Energie, Geschwindigkeit, Freiheit, Intellekt

Der Propeller erzeugt einen starken Luftstrom, der sogar ein schweres Flugzeug in den Himmel zieht. Das spricht für ein Übermaß an Energie, das Ihnen zur Zeit zur Verfügung steht. Die gilt es zu nutzen.
Zudem dreht sich der Propeller rasend schnell und auch die Verbindung zum Fliegen betont den Wunsch nach raschem Vorankommen, nach Loslösung und Freiheit. Als Teil des Motors, der Maschine, verweist er auf den Intellekt, der ihr Vorhaben in die richtigen Bahnen lenkt.

Q

Quadrat

Weiblichkeit und Scheu vor ihr, Erdung, Ganzheit, Ausgewogenheit

Die umfassende Geschlossenheit ist ein Symbol für das weibliche Prinzip. Gleichzeitig stehen die Ecken jedoch den weiblichen Rundungen entgegen, was manchmal eine Abwehr oder Scheu vor Frauen anzeigt.
Der griechische Philosoph Platon sah im Quadrat das Ursymbol der Erde. Die rechten Winkel drücken die statischen Aspekte unseres Himmelkörpers aus, auf dem wir mit festen Füßen stehen.
Gleichzeitig symbolisiert diese Figur mit ihrer Ganzheit auch den menschlichen Körper. Ausgewogenheit kommt durch die gleichmäßige Form zum Ausdruck.
Insgesamt wird Stabilität das kommende Jahr bestimmen.

Qualle

Unbestimmter Ekel, Abwehr

Als wabernde, knochenlose und durchsichtige Geleemasse ist die Qualle schwer zu erfassen und schlecht festzuhalten. Weil sie glitschig ist, fühlt sie sich außerdem ekelig an. Das verweist auf unangenehme Gefühle und Abwehr, deren Ursachen jedoch unklar sind. Hier muss weitergesucht werden.

R

Rad

Unendlichkeit, Wandel, das Vergehen und Werden, Fortentwicklung

Das Rad ist universell. In seiner Vollkommenheit spiegeln sich Kosmos und Erleuchtung wider. Seine Kreisförmigkeit symbolisiert die Sonne und als unendliche Linie ist es ein Zeichen von Göttlichkeit.
Es steht für den ewigen Kreislauf von Vergehen und Wiederkehr, in den alles Existierende, auch der Mensch, eingebunden ist. Damit verweist es ebenso auf Fortentwicklung wie auf das Auf und Ab des Lebens. Tiefgreifender sind die Veränderungen, die stattfinden oder kommen.

Rakete

Potenz, Aggression, Eroberung, Zerstörung

Raketen sind verbunden mit männlicher Sexualität und Aggressivität. Sie stehen für überschäumende Energie, Leistungssteigerung und den Wunsch nach Eroberung. In all dem liegen viele Gefahren. Es können zwar neue Chancen und Beziehungen dahinterstecken, jedoch ist mit der Rakete die explosionsartige Entfernung aus dem gewohnten Leben verbunden. Zudem bringt sie als Waffe Zerstörung. Man sollte eine Rakete daher auch immer als Warnung verstehen.

R

Ratte
Ekel, Gemeinheit, Krankheit, Ehrgeiz

Viele Menschen ekeln sich vor einer Ratte. Sie dient auch zur Beschimpfung von jemandem, der uns übel mitspielt oder durch Gemeinheiten von sich reden gemacht hat. Sie wird mit Müll in Verbindung gebracht oder als Überträger von Krankheiten. Ist Ihre Ratte so ein Untier? Bringt sie Ihnen Ungemach? Oder haben Sie es mit einer anderen Sorte zu tun, einer, die ehrgeizig und intelligent ein Ziel verfolgt und so zu Ruhm und Reichtum kommt? Hauptsache, Sie sind nicht eine der Ratten, die das sinkende Schiff verlassen – es könnte bedeuten, dass um Sie herum einiges zusammenbricht.

Reh
Weiblichkeit, Zartheit, Schutzbedürfnis, Ende einer Liebe

Das Reh deutet auf ein Treffen mit einem weiblichen Wesen hin. Oft werden Attribute wie ein scheues, zartes und reines Gemüt mit dem Tier verbunden. Wartet da jemand auf Ihre Hilfe, auf eine schützende Hand, jemandem, dem er vertrauen kann? Oder suchen Sie selbst danach? Denken Sie auf keinen Fall daran, das Reh auf der Jagd zu erlegen – es wäre ein Zeichen für das Ende einer Liebe.

R

Ring
Ewigkeit, Treue, Schutz, Bindung, Liebe

Ohne Anfang und Ende geformt, symbolisieren Ringe Ewigkeit. Treue und die Zugehörigkeit zu einer Gemeinschaft wurden und werden durch sie ausgedrückt. Abergläubische Menschen schreiben ihnen magische Kräfte zu. Der Ring soll vor dämonischen Kräften schützen. Heutzutage zeigen diese Schmuckstücke vor allem die Zusammengehörigkeit zwischen Liebenden an. Die Bindungsbereitschaft eines Menschen wird deutlich.

Ritter
Kampf, Ehre, Abenteuer, Ritterlichkeit, Patriarch

Den Ritter erkennt man zumeist erst in seiner Rüstung. Das bedeutet Kampf. Um Ehre geht es dabei, die er verkörpert und verteidigen muss. Nur so kann der Ritter aufrecht vor sich und anderen durch die Welt gehen. Auch der Wunsch, Abenteuer zu erleben und seine Fähigkeiten darin zu messen, versinnbildlichen sich in dieser Figur.
Ritterlichkeit ist eine schöne, aber auch alte Tugend. Eine konservative Einstellung verbirgt sich oft dahinter. Wer einem auf den ersten Blick wie ein Ritter begegnet, entpuppt sich nicht selten als tyrannischer Patriarch.

R

Robbe
Unbewusstheit, Überraschung, Selbsterkenntnis

Robben sind als Wassertiere symbolisch mit dem Gefühlsleben und dem Unbewussten verbunden. Ihr Auftauchen kündigt so oft überraschende Erkenntnisse über sich selbst oder unerwartete Gefühle an. Sich heranrobben verweist auf das mühselige oder möglichst unentdeckte Erreichen eines Zieles. Meistens bezieht sich dieses Symbol auf positive Entwicklungen.

Rose
Liebe, Hochzeit, Tod

Zwei Deutungswege lässt die Rose zu: Zum einen kündigt sie vielleicht eine Beziehung, Liebe oder gar eine Hochzeit an. Allerdings hat eine Rose immer auch Stacheln bzw. Dornen. Es wird alles also nicht ohne Hindernisse ablaufen und auch ein schnelles Erkalten der Gefühle ist möglich.
Zum anderen gilt die Rose als ein Zeichen für den Tod. Deswegen bringt man einem kranken Menschen keine Rosen ans Bett. Der Tod wiederum bedeutet Wandel und Neuanfang. Machen Sie sich also auf alles gefasst.

Ruder

Kontrolle, Macht, Entschlossenheit

Wer das Ruder in der Hand hält, gibt die Richtung vor. Wie das Steuerrad ist es Zeichen der Kontrolle über das eigene Leben und vielleicht auch Macht über andere. Es zeigt, dass Selbstsicherheit, Entschlossenheit und die Kraft vorhanden sind, um die selbstgesteckten Ziele zu erreichen. Dabei werden auch anstrengende Phasen überwunden.

Rübe

Keine materiellen Sorgen, Bescheidenheit

Rüben ernten deutet darauf hin, dass Sie sich fürs erste materiell keine Sorgen machen müssen. Es wird schon alles hinkommen. Vielleicht können Sie sich sogar auf einen größeren Gewinn gefasst machen. Doch selbst wenn bei Ihnen der Wohlstand ausbricht, bleiben Sie auf dem Teppich. Das ist gut so, Ihre Mitmenschen werden sich über so viel Bescheidenheit freuen und Ihnen mit Sympathie begegnen.

R

Rutsche
Abgleiten, Haltlosigkeit, Angst, Lebensfreude

Eine Rutsche steht für ein Abgleiten nach unten. Haltlosigkeit kann dahinterstecken. Ebenso ist eine Annäherung an bisher unbewusste Erlebnisse und Gefühle darin zu sehen. Ersichtlich wird auch die Angst, auszurutschen und in einen Abgrund zu fallen.
Wenn man rutschen als fröhliches Loslassen in Erinnerung hat, drückt sich hier kommende Lebensfreude aus.

Sack
Reichtum, Armut, Kraft

Der Sack dient dazu, Waren zu lagern und zu transportieren. Das verweist auf Reichtum – oder Armut. Entscheidend ist, wie viel drinsteckt. Je voller der Sack, desto besser läuft es für Sie.

Aber leider gilt das umgekehrt ebenso. Ein leerer Sack kann einen Fehlschlag bedeuten, auch wenn man sich noch so sehr anstrengt. Schwindende Kraft kündigt er gelegentlich an. Manchmal bedeutet ein Sack auch, an einer Verantwortung schwer zu tragen.

Säbel – siehe Schwert

Säge
Aktivität, Energie, geistiges Arbeiten

Als Werkzeug steht sie für Aktivität und Energie, ihre zerschneidende Wirkung für Durchsetzungskraft. Etwas Zersägen heißt, kleinere, genauere Teile herauszuarbeiten. Das beschreibt im übertragenen Sinne jede analytische Tätigkeit. Deshalb symbolisiert die Säge nicht zuletzt die Fähigkeit zum präzisen geistigen Arbeiten. Zugleich versinnbildlicht sie das stetige, wenn auch manchmal mühselige, Arbeiten, das zum Erfolg führt.

S

Säule
Unterstützung, Hilfe, Sicherheit

Die Säule bietet Halt. Sie werden die Kraft haben, etwas Wichtiges anzugehen. Nutzen Sie es aus und lassen Sie sich dabei helfen. Rechnen Sie bei diesem Unternehmen mit Unterstützung von anderen. So gelingt es, ein tragfähiges Fundament zu errichten, auf das Sie sich verlassen können. Dieser Rückhalt hält lange.

Salamander – siehe Eidechse

Sarg
Beklemmung, das Gefangensein, Suche nach Befreiung, Lebensabschnitt

Der physische Tod ist die erste Assoziation bei diesem Zeichen, aber darum geht es in der Regel nicht. Im Sarg ist man verdammt zu Bewegungslosigkeit. Die Beklemmung und das Gefangensein werden so versinnbildlicht. Das bedeutet durch Enge erzwungene Passivität, die aufgebrochen werden muss, um die eigene Freiheit zurückzugewinnen. Als Abschiedssymbol weist der Sarg auf Lebensabschnitte, die zu Ende gehen und hinter sich gelassen werden müssen.

Sattel

Souveränität, Überheblichkeit

Ein Sattel steht für Souveränität. Wer fest darin sitzt ist Herr der Lage. Das betrifft zuerst einmal das eigene Leben. Ein Pferd zu reiten, ist außerdem oft den Noblen vorbehalten und der erhöhte Sitz bedeutet eine privilegierte Position. Passen Sie auf, dass das nicht zu Überheblichkeit führt!

Saxofon

Tiefe Gefühle, Wahrhaftigkeit, Freude

Das Saxofon wird meistens mit Jazzmusik in Verbindung gebracht. Im Improvisieren dieser Musik drücken sich spontane und tiefe Gefühle aus. Es liegt also viel Wahrhaftigkeit in diesem Instrument. Sie will gezeigt werden. Wie andere Musikinstrumente steht auch das Saxofon für Freude und Geselligkeit. Wer Musik liebt, feiert in der Regel gerne und sollte sich dem ruhig hingeben. Manchmal verweisen die blechbläsernen Töne auch auf oberflächlichen Small Talk, dem man sich besser entzieht.

Schaf
Dummheit, Unbewusstheit, Geduld

Der antike Dichter Äsop schrieb die erste Fabel vom dummen Schaf. Seitdem hat das Tier diesen Stempel weg. Wirft man es in tiefes Wasser, ertrinkt das Schaf angeblich eher, als dass es schwimmt. Seine vermeintliche Unbewusstheit machte es dann zu Sinnbildern für den Schlaf. Ein wacher, aktiver Geist sieht jedenfalls anders aus. Mit einer solchen Einstellung geht das Jahr ereignislos rum. Es kann also nur heißen: Aufwachen aus dem Dämmerschlaf!

Schale
Hingabe, Gefühl, Genuss

Eine kommende Begegnung wird es in sich haben! Geben Sie sich hin, genießen Sie. Auch Sie selbst werden voller Hingabe sein und Ihrem Gegenüber eine wundervolle Zeit bescheren. Seien Sie offen. Füllen Sie die Schale mit Ihren Gefühlen und Ihren Träumen. Es ist reichlich Platz dort drinnen. Je gefüllter sie ist, desto besser wird es Ihnen gehen.

S

Schaufel
Anstrengung, psychische Arbeit, schwierige Aufgaben

Anstrengend ist das Schaufeln. Harte körperliche Arbeit ist damit verbunden. Da man mit ihr in die Tiefe gräbt, ist die Schaufel und ihre Handhabung ein Gleichnis für die Auseinandersetzung mit den tieferen Schichten der Seele. Auch das kann sehr anstrengend sein und bedarf einer stabilen Verfassung.
Nicht zuletzt weist eine Schaufel manchmal auf kommende schwierige Aufgaben hin, denen man nicht mehr entgehen kann. Da kann es nur heißen: Ärmel hoch, in die Hände spucken und ranklotzen!

Schere
Trennung, Konflikt, Neuanfang

Mit der Schere wird etwas zerschnitten. Das bedeutet Trennung. Auch wenn »die Schere sich öffnet« laufen Dinge auseinander. Zwei Seiten, die einmal verbunden waren, sind nun weit voneinander entfernt. Die Verbindung am Ausgangspunkt besteht aber immer noch. Das führt früher oder später zu Konflikten.
Wenn ein Band feierlich zerschnitten ist, wird z. B. ein Geschäft eröffnet. Mut und Zuversicht für einen Neuanfang sind vorhanden. Auch als Waffe kann eine Schere

verwendet werden. Verdrängte Aggressionen stecken dahinter.

Schiff – siehe Boot

Schildkröte
Überleben, Weisheit, Durchhaltevermögen

Schildkröten werden nicht nur alt, es gibt sie auch schon ewig. Bereits die Dinosaurier sagten ihnen gute Nacht. Das macht sie zu Symbolen eines langen Lebens und uralter Weisheit. Ihr Überdauern zeugt von Genügsamkeit und Durchhaltevermögen, denn unbeirrt aller Veränderungen setzen sie ihren Weg durch die Zeiten fort. Manchmal ist das ein schwerfälliges Kriechen, doch es lohnt sich. Auch langsam aber stetig kommt man zum Ziel.

Schinken
Sex, Reichtum, Erfolg

Sex, Sex, Sex: Vor allem darum dreht sich dieses Symbol. Es steht für das Verlangen nach Fleisch. Der Wunsch nach erotischen Abenteuern und neuen Erfahrungen steckt dahinter.

Als deftiges, kraftvolles Essen ist ein Schinken Zeichen für Fülle, die wiederum als Reichtum interpretiert werden kann. Auch ein gesunder Körper gehört dazu. Ebenso verspricht ein Schinken ganz allgemein Erfolg.

Schirm
Schutz, Hilfe, Aufrütteln, geistige Macht

Zuallererst ist der Schirm ein universelles Symbol für Schutz und/oder Schutzbedürftigkeit. Er hält Sonne und Hitze fern, was im übertragenen Sinne für die Hitze der Leidenschaften steht. Auch vor Krankheiten schützt er und ebenso vor aufdringlichen Menschen. Einen Schirm zu finden, bedeutet, dass Hilfe naht.

Schlange
Manipulation, Angst, Unsicherheit, Irrwege

Die Schlange ist ein zwitterhaftes Geschöpf. Doppelzüngig, sowohl weiblich wie auch männlich besetzt, steht sie für Versuchung und List. Einflüsternd manipuliert sie ihre Umgebung. Es geht ihr nur um den eigenen Vorteil. Vor solchen Wesen sollte man sich hüten. Ihre hynotischen Fähigkeiten sind verführerisch. Bei einer Frau kann dieses Symbol die Angst vor der eigenen Anziehungskraft und vor Sexualität ausdrücken, denn Schlangen sind auch Phallussymbole. Bei einem Mann kann hier Unsicherheit mit der eigenen sexuellen Identität zum Ausdruck kommen. Auch auf Zerstörung, Irrwege und ein falsches Leben weist dieses Tier manchmal hin.

Schlitten
Romantik, Spaß, Freizeit

Eine Fahrt in einem Pferdeschlitten ist romantisch. Leider können wir davon meist nur träumen. Noch einmal wie zu Kindertagen im Schnee tollen. Wer möchte das nicht? Zum Rodeln gehören auch Spaß, Spiel und schöne Naturerlebnisse. Vermissen Sie das? Dann wird es höchste Zeit, wieder etwas zu unternehmen.
Außerdem — lassen Sie sich nicht veralbern. Niemand sollte mit Ihnen »Schlitten fahren«.

S

Schlüssel

Glück, Selbsterkenntnis, Vollmacht, Logik, Überwindung von Hindernissen

Schlüssel öffnen und verschließen: Sie stehen für Geheimnisse und deren Aufdeckung. Wer den Schlüssel findet, kommt zum Schatz.

So ist er auch ein Glückssymbol. Mit ihm wird ein Problem gelöst oder es werden tiefere, bisher verschlossene Schichten der Persönlichkeit erreicht. Selbsterkenntnis ist die Folge.

Auch Vertrauen kann hinter diesem Symbol stehen, denn einem geliebten Menschen den Schlüssel zu geben, zum Herzen oder zur Wohnungstür, ist ein Zeichen dafür.

Einen Schlüssel zu erhalten, bedeutet manchmal, mehr Vollmachten zu bekommen, die wiederum mit Verantwortung verbunden sind.

Dass er Türen nicht nur öffnet, sondern auch versperrt, kann er auf einen erschwerten Zugang zu Informationen hinweisen oder Gefangenschaft ausdrücken. Als Hindernisse überwindendes Instrument steht er außerdem für Vernunft und Logik. Schwierige Situationen werden so gemeistert.

Schmetterling
Wandel, Wechsel, Experimente

Viele Wechsel, viel Durcheinander, Wandel und spannende Experimente stehen Ihnen bevor. Langweilig wird
Ihnen dabei sicher nicht. Festlegen ist dabei nicht angesagt. Das kann für Liebesdinge und Sexualität genauso
gelten, wie für die Arbeit oder andere Lebensbereiche.
Toben Sie sich aus. Die anschließende Erschöpfung
kommt sicher früh genug. Bis dahin haben Sie eine aufregende Zeit vor sich.

Schnecke
Ruhe, Trägheit, Rückzug

Sie brauchen Ruhe. Flüchten Sie vor Hektik und Stress,
verringern Sie Ihr Tempo. Wer langsam geht, nimmt mehr
wahr. Vielleicht ist auch ein Rückzug angebracht, denn
Sie könnten gegenüber anderen Menschen scheu, ge-
hemmt und verletzbar sein. Erwarten Sie nicht zu viel
von sich, denn Faul- und Trägheit bestimmen Ihren Rhythmus. Dafür könnte es einige prickelnde erotische Erlebnisse geben.
Nehmen Sie sich ein Beispiel an den Weinbergschne-
cken: Die verschließen im Herbst ihr Haus mit einem

Kalkdeckel, den sie im Frühjahr wieder aufsprengen. Dann sieht die Welt vielleicht schon wieder ganz anders aus.

Schnuller
Kinderwunsch, Geborgenheit, Realitätsflucht

Mit dem Schnuller im Mund ist ein Baby zufrieden. Vielleicht wünschen Sie sich auch einen kleinen Wonne-proppen auf ihrem Schoß. Oder Sie wollen selber wie ein kleines Kind umsorgt werden? Das kann ein momentaner Impuls sein, aber auch eine gewisse Realitätsflucht beinhalten, denn als Baby braucht man sich um nichts zu kümmern. Für einen Tag ist das mal okay, aber Ihrer Verantwortung können Sie sich auf Dauer nicht entziehen.

Schornstein
Produktivität, Ideen, Überlastung, Vergiftung, Entgiftung

Der rauchende Schornstein gehört zu einer Fabrik. Das verweist auf produktive Zeiten. Nach oben steigend, zeigt der Schornstein auf den Geist. Wenn ein Kopf qualmt, ist er jedoch überlastet. Auch trübt der Rauch dann die Luft und damit die Sicht. Fühlen Sie sich zurzeit unwohl, ist der Schornstein ein Zeichen dafür, die Schadstoffe aus dem Haus, Ihrem Inneren, abziehen zu lassen. In beiden Fällen muss etwas getan werden, um die Verhältnisse zu klären.

Schraube
Verbindungen schaffen, Druck ausüben

Mit einer Schraube werden verschiedene Teile zusammengefügt. Das ist zunächst ein technischer Vorgang: Übertragen weist er auf menschliche Beziehungen hin. Dabei kann es sich ebenso um platonische wie um körperliche Verbindungen handeln.
Fest angezogen, kann eine Schraube einen starken Druck ausüben. Zieht man sie zu stark an, dreht sie leer oder zerbricht und ihr Halt geht verloren.

Schuh
Schutz, Erotik, Wohlstand

Eigentlich ist er nur ein nützliches Kleidungsstück: Er schützt unseren Fuß, das ist seine Grundfunktion. Doch wer sich näher mit ihm beschäftigt, weiß auch dies: Der elegante, kapriöse und umwerfend schicke Frauenschuh gilt als erotisches Symbol pur. Vielleicht dürfen Sie sich auf amouröse Feuerwerke freuen? Doch er kann auch ein Zeichen von Macht und Wohlstand sein. Deutet sich da ein beruflicher Aufstieg oder geldlicher Segen an?

Schwan

Innere Reinheit, Anmut, tiefe Gefühle, Liebe

Der Schwan gilt als göttliches Tier. Er symbolisiert die Seele des Menschen. Seine weiße Farbe steht für Licht und Reinheit. Anmutig gleitet er durchs Wasser und verkörpert damit Grazie. Auch die Fähigkeit, tiefe Gefühle zu empfinden, wird durch ihn sichtbar. Nur einmal im Leben sucht er sich einen Partner, dem er dann treu zur Seite steht. Das lässt ihn zum Zeichen für eine glückliche Liebe werden.

Schwein

Glück, Trieb, Befreiung

Schweine sind sehr fruchtbar. Alles fressend und im Schlamm wühlend, stehen sie gleichzeitig für unreines Verhalten.
Beides zusammengeführt, macht das Schwein zu einem Symbol für vermeintlich schmutzige Triebe. Dahinter steckt der Wunsch, sich zu befreien und auszuleben.

Ein Schwein zu besitzen, war früher ein Zeichen für Wohlstand. Das bedeutet Glück.

Schwert
Autorität, männliche Aggression, Verstand

Schwertträger sind in Sagen und Mythen starke Persönlichkeiten, die mit Autorität verbunden sind. Das Schwert macht diese Stellung kenntlich. Als Waffe ist es ein Symbol für männliche Aggression. Auch ein ausgeprägter Wille, sich durchzusetzen und vorwärtszukommen, ist damit verbunden. Ferner wird mit dem Schwert traditionell gerichtet. Dafür braucht es einen klaren Verstand, um gerecht zu handeln. Das Schwert deutet so auf eine wichtige Entscheidung hin, die getroffen werden muss.

Segel – siehe Boot

Sense
Tod, Erneuerung, Konflikt, Aggression, Landleben

Mit der Sense werden die reifen Körner vom Stiel getrennt. Was zu hoch gewachsen ist, wird von ihr kurz gemacht. So ist sie ein Sinnbild für das Durchtrennen

der Lebensfäden, der Sensenmann seit Jahrhunderten für den Tod selbst. Überkommendes muss zurückgelassen werden, um sich dem Neuen zuwenden zu können.
Konflikte müssen ausgetragen werden, sonst stauen sich Aggressionen auf. Manchmal steht die Sense auch für ein einfaches Leben auf dem Land.

Sessel
Ruhe, Gemütlichkeit, Karriere

Der Sessel ist ein Ruheort. Nach einem langen, harten Tag lassen wir uns hineinfallen und legen die Beine hoch. Wer dieses Bild materialisiert, sollte dem ganz folgen. Das heißt auch: kein Freizeitstress! Gemütlichkeit ist angesagt. Oder ist es ein Chefsessel? Dann folgt vielleicht ein beruflicher Aufstieg.

Sichel
Ertrag, Fruchtbarkeit, Anstrengung, Tod

Die Sichel kündigt die Erntezeit an. Sie ist seit dem Altertum ein wichtiges Werkzeug und Symbol der Bauern. Damit verweist sie auf ertragreiche Zeiten und die Früchte harter Arbeit, die bald eingefahren werden. Auch Fruchtbarkeit im Allgemeinen wird hier versinnbildlicht.

Als Handwerkszeug sind körperliche und anstrengende Tätigkeiten mit ihr verbunden.

Auch der Tod in Gestalt des Sensenmannes ist mit einer Sichel ausgestattet und im antiken Orient wurde mit ihr kastriert, was das Ende eines Abschnitts oder Entmachtung bedeuten kann.

Sonne

Energie, Erfolg, Wohlbefinden, Anerkennung

Die Sonne ist die Quelle aller Schöpfung. Ohne dieses Lebenselixier gäbe es auf der Erde nur tote Materie. Deshalb wurde sie als höchste Kraft in vielen antiken Kulten verehrt. Sie steht für das Leben selbst, spendet Energie, mit der alles besser gelingt und sich zum Guten wendet. Das gilt für Aufgaben jeder Art ebenso wie für das körperliche Wohlbefinden. In ihrem Schein zu stehen, bedeutet gesehen zu werden und Anerkennung zu erfahren.

Spaten

Anstrengung, Überraschung

Mit dem Spaten zu graben ist sehr anstrengend. Es kündigt sich mühsame und schweißtreibende Arbeit an. Dabei kann es einige Überraschungen geben. Mal schauen, was Sie da ausbuddeln. Es wird jedenfalls nicht das sein, was Sie erwarten. In die Grube fällt nur, wer sie anderen gräbt.

Speer
Belohnung, Erfolg, Auseinandersetzung

Bei den Germanen war der Speer eine königliche Waffe. Erst sie verlieh ihrem Träger die Würde und Macht des Amtes.

So werden auch Sie reichlich belohnt für eine Leistung, erreichen ein Ziel und werden eine neue Stufe erklimmen. Der Erfolg ist Ihnen gewiss, aber Sie müssen natürlich auch etwas dafür tun. Gut möglich, dass dabei eine schwierige Auseinandersetzung unumgänglich ist. Nutzen Sie den Speer, um sich durchzusetzen.

Spermium
Sexualität, Zeugung, männliche Identität, Ekel

Das Spermium steht für Lust und Sexualität, mehr aber noch für männliche Zeugungskraft. Damit verweist es auch auf Fragen und Probleme der männlichen Identität und der Rolle als Vater. Ein Reifeprozess setzt ein.

Als kaulquappenähnliche Figur ist sie gelegentlich Ausdruck von Ekel, auch hier manchmal im Zusammenhang mit Sexualität.

Spiegel
Wahrheit, Selbsterkenntnis, Klarheit

Der Spiegel sagt uns die Wahrheit. Wir kennen ihn als wissendes, kluges Gegenüber aus dem Märchen von »Schneewittchen«. Die böse Zauberin erfährt, dass sie nicht die Schönste im Lande ist. Gleichnishaft steht der Spiegel hier für Selbsterkenntnis, die schmerzhaft sein kann. In den Spiegel zu schauen, bringt aber auch Klarheit. Die eigenen Grenzen und Gefühle werden besser erkannt.
Wer jedoch ständig hineinguckt ist eitel. Oder unsicher. Wie wirke ich nach außen? Was denken die anderen über mich? Diese Fragen stecken dahinter. Um Ruhe zu finden, müssen sie geklärt werden.

Spinne
Gefangensein, Verdrängtes, Intrigen, weibliche List, Ekel

Das Opfer bemerkt die Falle erst, wenn es darin zappelt. Aber dann ist es zu spät. Unentrinnbar ist das Netz der Spinne. So versinnbildlicht sie Gefangenschaft und tiefsitzende Ängste. Vielleicht wurden sie verdrängt, und doch kann man ihnen nicht entkommen. Auch Intrigen können sich mit diesem Zeichen ankündigen.

Dabei ist die Spinne sowohl ein (negatives) Symbol für eine Übermutter, die ihre Kinder nicht losläst, als auch Sinnbild weiblicher List. Sind Sie ein Mann, seien Sie gewarnt, man will Sie vielleicht fangen und aussaugen ...

Nicht zuletzt steht die Spinne für Ekel. Bei Frauen kann das eine Ablehnung der eigenen Weiblichkeit beinhalten.

Stein
Beständigkeit, Festigkeit, großer Nutzen

Es gibt so viele von ihnen: magische Steine, Feuer-, Pflaster-, Kiesel- oder Grenzsteine. Jeder von ihnen ist einzigartig: mal rund und glatt oder rau und voller scharfer Kanten. Wir bauen aus ihnen Häuser, halten uns daran fest, wenn ein Berg erklommen wird. Wir beten sie an, weisen auf unsere Toten hin und sind selber manchmal »hart wie ein Stein« oder »wie zu Stein erstarrt«. Doch betrachten wir ihn ganz schlicht, als das was er ist: beständig, fest, ein Speicher für Wärme. Was bedeutet das? Wer das Symbol Stein gießt, lässt sich so leicht nicht umwerfen. Gehen Sie Ihren Weg also weiter und entscheiden Sie selbst, für was Sie ihn noch gebrauchen wollen.

S

Stern
Unsterblichkeit, Wegweiser, Suche, innere Stärke

Die Sterne stehen unveränderlich am Firmament. Immerwährend symbolisieren sie Unsterblichkeit. Am Nachthimmel leuchtend, führten sie von alters her den Reisenden durch unbekanntes Terrain. Nach den Sternen zu greifen, heißt, ein fernes Ziel zu verfolgen. Auch die Suche nach Wahrheit und geistiger Entfaltung gehören dazu. Wer sich so hoch zu greifen traut, hat die innere Stärke, ins Unbekannte aufzubrechen.

Sternschnuppe
Wunsch, Ereignis, Traum

Eine Sternschnuppe sehen, bedeutet, einen Wunsch frei zu haben. Wenn Sie ihn für sich behalten, wird er in Erfüllung gehen. Als auffallend schöner Himmelskörper, kündigt die Sternschnuppe außerdem ein freudiges Ereignis an. Diese Erscheinung ist nur in der Nacht zu sehen. Das betont die träumerische und damit auch emotionale und intuitive Seite im Menschen. Wünsche wiederum entstehen aus Fantasie- und Traumgebilden.

Steuerrad

Selbstbestimmung, Verantwortung, Zielorientierung

Ähnlich dem Ruder drückt das Steuerrad aus, selbstbestimmt durchs Leben gehen zu wollen. Wenn andere von einem abhängig sind, sollte man bedachtsam damit umgehen. Als soziales Wesen hat man auch für sie Verantwortung. Für den Steuermann oder die Steuerfrau gilt das in besonderem Maße. Ziele werden durch entschlossenes Handeln erreicht, aber nicht auf Kosten anderer.

Stiefel

Voranschreiten, Durchhalten, auf dem Boden bleiben

Zum Wandern geschustert, steht der Stiefel zwar nicht für schnelles, dafür aber stetiges Vorankommen. Allerdings ist Ausdauer notwendig, ohne und ebenso Zeit. Dafür erlebt man den beschrittenen Weg umso bewusster. Auch wächst man bei diesem Tempo kontinuierlich mit den sich ändernden Gegebenheiten und bleibt so auf dem Boden. Am Schluss ist die Freude über das Erreichte groß.

Stock

Angst, Sexualität, wenig Energie, Unlebendigkeit

Der Stock hat viele Aspekte. Er ist ein Instrument der Züchtigung und kann damit die Angst vor Strafe ausdrücken. Als Sexualsymbol steht er für den Penis. Als Stütze wird er mit Alter und Siechtum verbunden. Ein Mangel an Energie kann dahinterstecken.
In dem Ausdruck »stocksteif« wiederum findet sich ein Gefühl von Unlebendigkeit und Unnatürlichkeit, oft auch ein Unwohlsein in bestimmten wiederkehrenden Situationen, die vielleicht nicht zu einem passen, aber scheinbar ertragen werden müssen.

Storch

Kinderwunsch, Häuslichkeit, Stabilität

Der Storch verkörpert zuerst einmal einen Kinderwunsch und die Sehnsucht nach häuslichem Glück. Er steht für traditionelle Lebenswelten und Beständigkeit, kehrt er doch immer in sein angestammtes Nest zurück. Außerdem verbringt er sein ganzes Leben mit demselben Partner. Das alles nennt man stabile Familienverhältnisse. Na, wollen Sie das auch?
Nicht so bekannt ist, dass der Storch die Seelen der Verstorbenen trägt und das Böse bekämpft. Seine Hilfe naht.

Stuhl
Soziale Stellung, Autorität, schwierige Aufgaben

Ein Stuhl bezieht sich immer auf die soziale Stellung eines Menschen. Ein König darf sitzen, während die Untertanen stehen müssen. Einem neuem Gast wird Ehrerbietung erwiesen, indem man sich erhebt. Auch ist derjenige, der schon sitzt, immer der, zu dem die anderen kommen müssen. Ein genauerer Blick auf die Beschaffenheit des Stuhles gibt vielleicht Hinweise, welche Positionen oder Rollen im Leben gerade unsicher sind.
Wer zwischen den Stühlen sitzt, sollte eine Entscheidung treffen. Als Mobiliar der meisten Arbeitsplätze, kann der Stuhl anstrengende Aufgaben ankündigen, die nur mit viel Sitzfleisch bewältigt werden.

T

Tasche
Erfahrungen, Gefühle, Geldsegen

Meist tragen wir darin ein paar wichtige Dinge. Schauen Sie mal in Ihre Tasche: Sie werden dort viele Erfahrungen, tiefe Gefühle und vielleicht auch erotische Begegnungen finden. Ein Geldsegen könnte sich auch ankündigen. Kramen Sie ruhig ein wenig in Ihrer Tasche, um das eine oder andere zum Vorschein zu bringen. Darunter wird sich sicher auch unnützer Ballast befinden. Räumen Sie auf. Sortieren Sie den Inhalt neu. Lassen Sie Ihre Tasche aber nirgends achtlos liegen. Es wäre schade, um das, was drinsteckt. Das wäre dann für immer verloren.

Tasse (siehe Kelch)

Taube
Ruhe, Liebe, gute Nachrichten

Ruhe und Beständigkeit kehren in Ihr Leben ein. Es ist die Grundlage, um zu neuen Höhenflügen anzusetzen. Das kann Ihre Arbeit, aber auch die Gefühlswelt betreffen. Ein neuer Geliebter, eine neue Geliebte könnten in Ihr Leben treten oder eine bestehende Beziehung könnte frischen Wind erfahren. Gute Nachrichten werden Sie erreichen und für Zufriedenheit sorgen. Eine schöne Zeit steht Ihnen bevor.

Teller
Sehnsucht, Lust, Erfolg, Glück

Leer, voll, halb voll oder halb leer? – Beim Teller geht es nur vordergründig ums Essen; auf ihm wird das Leben serviert. Er versinnbildlicht Vorhaben und Bedürfnisse.
Beim leeren Teller steht die Sehnsucht und die Suche im Vordergrund. Ist der Teller randvoll mit Essen kann das ein Zeichen für kommenden Erfolg sein. Auch eine Einladung steckt womöglich dahinter. Ein zerbrochener Teller bringt Glück in der Liebe.

Teufel
Trieb, unterdrückte Fantasien, Inspiration, Widerstand

Der Teufel versinnbildlicht die Schattenseiten im Menschen, die ausgeblendet werden, aber trotzdem machtvoll auf ihn einwirken. Zudem verweist er auf unterdrückte Triebe und Fantasien.
Vielleicht ist es notwendig, die verschiedenen Aspekte

T

der Persönlichkeit besser in Einklang zu bringen. Das kann auch heißen, Widersprüche zu akzeptieren. Widerstand gegen eine zu enge, begrenzte Welt ist mit diesem Symbol ebenfalls verbunden.

Manchmal stehen Teufel auch für einen kalten unmenschlichen Verstand. Sie können ebenso Inspiration und Kreativität bedeuten.

Thron
Göttlichkeit, Herrschaft, Autorität, Verlangen

Der Thron ist der Sitz eines weltlichen oder göttlichen Herrschers. Der leere Thron steht in der christlichen Symbolik für die Wiederkehr Jesu. Jemanden als Ehrerbietung den Thron zum Sitz anzubieten, kann als Geste der Unterwerfung missverstanden werden. Wer auf einem Thron sitzt hat Macht. Wer vor ihm steht, reicht an diese nicht heran. Wer seinen Thron räumen muss, steigt ab. Das Verhältnis zur Macht und/oder das Verlangen danach werden durch den Thron ausgedrückt.

T

Tiger
Mut, Tapferkeit, Kraft, aber auch Einsamkeit

Der Tiger ist in Asien ein Symbol für Tapferkeit und Mut. Mit seinen körperlichen, aber auch übernatürlichen Kräften kämpft er gegen alles Böse und Unheil.
Stellen Sie sich in diesem Jahr auch großen Aufgaben ohne Angst. Bekämpfen Sie Dinge, die Ihnen Sorgen und innere Unruhe bereiten. Sie werden daran wachsen! Doch Tiger sind auch Einzelgänger. In Sachen Liebe und Beziehung dürfen Sie also keine großen Erwartungen haben.

Tintenfisch
Intelligenz, Liebe, Leidenschaft

Tintenfische gelten als intelligente Tiere. Mit einer Tintenwolke verwirren sie im Kampf ihre angreifenden Gegner und können so flüchten. In einer bevorstehenden Auseinandersetzung werden Sie mit den besseren Argumenten als Sieger hervorgehen. Doch mit ihren Tentakelarmen machen die Tintenfische noch etwas anderes: Sie strecken sie nach einem Partner oder einer Partnerin aus, um sie in die Tiefe zu ziehen, dort, wo sich Gefühle und Leidenschaft verbergen. Lassen Sie sich in den Strudel mit hineinreißen, oder wehren Sie sich lieber und bleiben an der Oberfläche schwimmen?

T

Tisch
Arbeit, Geselligkeit, Repräsentation, Versöhnung

Am Tisch wird gearbeitet, beisammen gesessen, geredet. Geselligkeit und Kommunikation spielen hier eine wichtige Rolle. Auch als Repräsentationsfläche sind Tische geeignet. Ein gewisses Maß an Selbstdarstellung gehört gerade zum beruflichen Fortkommen.
Wichtige Dinge müssen auf den Tisch kommen, um geklärt zu werden. Unangenehmes lässt man gerne unter den Tisch fallen. Das löst aber nichts. Sich gemeinsam an einen Tisch zu setzen, vielleicht sogar einen runden, bedeutet Versöhnung.

Topf
Verwandeln, verinnerlichen, verdauen, Nutzen schaffen

Der Topf hat zwei hauptsächliche symbolische Aufladungen. Wie der Herd und das Feuer ist er Mittel zur Verwandlung. Rohes wird genießbar gemacht. Noch weiter übertragen wird aus Natur Kultur hergestellt. Nur die Veränderung macht einige Dinge weiter nutzbar. Daran angeschlossen, folgt der Prozess des Essens und der Verdauung. Dabei geht es um Verinnerlichung und Verarbeitung. Vielleicht muss ein einschneidendes Erlebnis noch einmal durchgekaut werden, um das Schlechte und Gute daran zu begreifen.

T

Tor
Geheimnis, Übergang, Ziel erreichen

Vor einem Tor stehen Sie und zögern noch, bevor Sie
es durchschreiten. Was wird auf der anderen Seite sein?
Vergewissern Sie sich erst mal, ob es überhaupt offen
steht. Ein geschlossenes Tor trennt uns von einem Geheimnis, das gelüftet werden sollte. Bringen Sie zum Vorschein, was bisher keiner sehen durfte. Ein offenes Tor
bedeutet einen Übergang. Etwas Unbekanntes wartet
darauf, von Ihnen entdeckt zu werden. Gut möglich, dass
sich für Sie einiges ändern wird oder Sie erreichen ein
bestimmtes Ziel.

Torte – oder Kuchen
Verführung, Feiern, Sehnsucht, Liebesgabe

Torten oder auch Kuchen versüßen das Leben. Sie sind
eine Verführung und werden mit Feiern und Freizeit verbunden.
Jedoch können sie auch ein Symbol für die Sehnsucht
nach Freunden und Familie sein, denn wie viele Süßig-
keiten sind sie manchmal ein Liebesersatz. Ebenso spiegeln sich unerfüllte seelische und geistige Bedürfnisse in
diesem Zusammenhang. Als Liebesgabe oder Belohnung
werden sie gegeben oder bekommen.

T

Totenkopf
Vergänglichkeit, Konzentration auf das Wesentliche, Verstand

Der Tod grinst uns an. Er erinnert uns an die Vergänglichkeit aller Dinge. Man sollte sich bewusst machen, was einem wirklich wichtig ist im Leben und sich darauf konzentrieren.
Als Schutzraum für das Gehirn, verweist er auf das geistige Vermögen. Haben Sie viel davon oder mangelte es Ihnen in letzter Zeit an einem kühlen Verstand?

Träne
Schmerz, Trauer, Reinigung

Wussten Sie, dass ein Mensch in seinem Leben etwa 65 Liter Tränenflüssigkeit weint? Schmerzen und Verletzungen — äußere wie innere — sind die Ursache. Die Tränen deuten auf keine schönen Ereignisse hin. Doch kann man sie auch als einen Reinigungsprozess interpretieren.
Das Weinen hilft, den Schmerz zu überwinden und hinter sich zu lassen. Gut ist es, wenn einen jemand tröstet. Es hilft, schneller über das Geschehene hinwegzukommen.

T

Trichter
Aufnehmen, Verabreichen, Befruchten

Das Bild des Nürnberger Trichters, mit dem Wissen in den Kopf geflößt wird, schuf die Redewendung vom »jemanden etwas eintrichtern«. Das symbolisiert eine einfache Form des Aufnehmens und Verabreichens. Gleichzeitig sollen damit langwierige und vielleicht mühselige Lernprozesse umgangen werden. Weil er in eine Flasche gesteckt und Flüssigkeit durch ihn eingefüllt wird, ist er ein Symbol für Befruchtung.

Trommel
Bewegung, Gefühl, Rhythmus

Im Rhythmus der Trommel bewegen wir den Körper, bis das Blut kocht. Bewegung, Tanz, rauschende Feste – Sie können sich auf eine prickelnde Zeit einstellen. Es wird sich einiges tun. Passen Sie aber auf, dass danach nicht die Kriegstrommeln den Ton angeben. Die Frage ist: Lassen Sie sich gehen und überlassen Sie den Trommeln den Takt, oder versuchen Sie selber den Rhythmus zu bestimmen? Es hängt von Ihren Gefühlen ab.

Trompete (siehe Horn)

T

Tropfen

Geduld, kleine Schritte zum Ziel, Krankheit

Ein Tropfen ist ein kleiner Anfang, der jedoch viel Kraft entwickeln kann. Das Sprichwort vom »steter Tropfen höhlt den Stein« erinnert uns daran, geduldig zu sein und konstant weiterzumachen. Das ist schwer, führt aber zum Erfolg.

Als Wassertropfen ist der Tropfen mit den Gefühlen verbunden. Auch hier mahnt er, die manchmal scheinbar kleinen Veränderungen in uns nicht abzutun. Medizin wird ebenso in Tropfen verabreicht. Welche Symptome machen Ihnen zu schaffen?

Turm

Übersicht, Seele, Warnung, Wegweiser

Türme überragen Häuser und Landschaften. Von diesem höheren Standpunkt aus gewinnt man Übersicht und sieht weiter.

Nach oben ausgerichtet sind sie zum einen Sinnbilder der Seele und Persönlichkeit, zum anderen des Strebens nach dem Himmel. Das kann sowohl hohe Ziele als auch Gott meinen.

Als Wachtürme dienen sie dazu, vor kommendem Un-

T

heil zu warnen und stehen gleichzeitig für Macht, die man innehat oder anstrebt. Wer einen Leuchtturm braucht, sucht den rechten Weg in der Nacht.

U

U-Boot

Männliche Sexualität, Hinterlist, Hingabe, Regression

Phallusförmig und zudem als eine Waffe zu sehen – so steht das U-Boot für eine aggressive, männliche Sexualität. Vor Hinterlist und Gemeinheit warnt es, denn es greift seine Gegner aus dem Verborgenen heraus an. Taucht ein U-Boot ganz in den Ozean der Gefühle ein, kann das Hingabe bedeuten. Der Rückzug unter die Oberfläche, außerhalb jeder Sichtweite, zeigt manchmal auch Überforderung an, die zu Regression führt.

Uhr

Vergänglichkeit, Reglement, Stress, das Innehalten

Wenn die Uhr tickt, fühlen wir uns unter Druck gesetzt. Wir hören, wie die Zeit verrinnt und den Menschen in seinen Möglichkeiten begrenzt. Das erinnert uns zugleich an die Vergänglichkeit aller Dinge. Die stehengebliebene Uhr symbolisiert den Tod.
Als Ausdruck des ordnenden Zeitmaßes, weisen Uhren auf enge, vielleicht zu enge, Reglements im Leben. Das alles verursacht Stress. Deshalb gilt es, innezuhalten und sich zu besinnen.

U

Umhang
Wärme, Geborgenheit, Verbergen

In der Legende des heiligen Martin drückt der geteilte Umhang die mitmenschliche Wärme aus. Er steht so für die Sehnsucht nach Geborgenheit. Gleichzeitig dient er auch dazu, etwas zu verbergen. So gelingt es, sich seine Geheimnisse zu bewahren.

Urne
Vergänglichkeit, Wandel, Wahl

Zweierlei kann die Urne bedeuten. Zum einen weist sie auf die Vergänglichkeit hin. Machen Sie sich also darauf gefasst, dass nichts für immer Bestand hat. Etwas könnte zu Ende gehen. Ein Wandel könnte bevorstehen. Zum anderen ist es aber auch möglich, dass Sie vor die Wahl gestellt werden. Eine Entscheidung ist fällig und je nachdem wird ihr Leben in unterschiedliche Bahnen gelenkt. Überlegen Sie also gut, oder hören Sie genau darauf, was ihr Bauch Ihnen empfiehlt.

V

Vampir
Verdrängung, Schattenseiten, Wunsch nach Hingabe

Der Vampir, das personifizierte Böse, symbolisiert den verdrängten Schatten, der in allen Menschen lebt. Er wirkt in der Finsternis und saugt wichtige Lebensenergie. Als Gegenmittel hilft es, die eigenen dunklen Seiten ins Auge zu fassen und so im Licht zu bannen.
Auch drückt dieser Blutsauger den Wunsch nach Hingabe und gleichzeitiger Angst davor aus. Der Vampir befreit den Wünschenden von diesem Konflikt. Denn er fragt nicht, er beißt.

Vase
Schönheit, Gestaltung des Lebens, Unnatürlichkeit

Die Vase steht für Schönheit, denn mit den Blumen in ihr schmücken wir unsere Umgebung. Damit wird auch auf unsere Wohnung angespielt und auf die Gestaltung unseres Lebens insgesamt. Etwas mehr Farbe kann nicht schaden.
In der Vase werden die Blumen aber in einer künstlichen Umgebung am Leben erhalten. Doch symbolisiert sie so das Verlangen nach Schönheit und zugleich deren unvermeidliches Ende, das nur herausgezögert werden kann.

V

Vogel
Freiheit, Leichtigkeit, Fantasie, Abenteuer

Wer als Mensch hoch fliegen will, träumt von Freiheit. Auch Fantasie, Ideen und große Pläne können dahinterstecken, denn nur der Himmel ist die Grenze.
Leicht löst sich der Vogel von irdischer Schwere. Er ist ein Symbol für die Seele, die alle Last hinter sich lassen will, und den Geist, der Unabhängigkeit und Abenteuer sucht. Doch aufgepasst! Wer den Göttern zu nah kommen will, kann abstürzen wie Ikarus.

W

Waage
Gerechtigkeit, Übergewicht, Gleichgewicht, Entscheidung

Die Waage kennen wir als Symbol der Justitia, sowohl Gerechtigkeit als auch Ordnung sind mit ihr verbunden. Auch der Kampf gegen zu viele Pfunde kann sich hier spiegeln. Immer geht es ums rechte Maß. Die Waage ins Lot zu bringen bedeutet, einen notwendigen Ausgleich zu erreichen, das Gleichgewicht wiederzufinden. Sie kann aber auch eine anstrengende Überanpassung ausdrücken. Abzuwägen heißt, genau zu vergleichen. Pro und kontra müssen vor einer Entscheidung durchdacht werden. Auch das Herz und die Seele werden mit ihr geprüft. Sind Sie schwer oder leicht?

Wagen
Veränderung, Übergang, Entscheidung, Unabhängigkeit

Im Wagen bewegt man sich fort. Es geht um Übergänge und Veränderungen, örtliche, innerliche, äußere – alle »Reisen des Lebens« können davon angesprochen werden. Der Wagen erinnert so daran, dass vielleicht eine Umstellung ansteht. Das bedeutet, eine Entscheidung zu treffen, was oder wen man aufgeben oder beibehalten will. Auch das Streben nach Unabhängigkeit

W

kann hier hereinspielen, denn einen Wagen zu lenken, heißt, selbst die Richtung zu bestimmen.

Der Wagen kann in enger Verbindung zur Sonne stehen, denn Rad und Sonnenrad sind nahe Verwandte. Vielleicht hilft es, die Bedeutung dieser Symbolik mit einzubeziehen.

Wal
Vergebung, Entspannung, Schutz

In der Bibel wird die Geschichte von Jonas und dem Wal erzählt. Er steht dort sinnbildlich für Vergebung. Gibt es einen Menschen, dem Sie vielleicht verzeihen sollten, oder der seinerseits seine schlechten Gedanken Ihnen gegenüber ablegen könnte?

Der Wal, dieser große Warmblüter, gilt außerdem als gesellig, intelligent und friedfertig. Zudem sorgt sein geheimnisvoller Gesang für Entspannung. So bringt er Ruhe, Freude und Schutz vor unangenehmen Konflikten in Ihr Leben.

Wanne
Erholung, Auszeit, Gesundheit

Nach einem langen, harten Arbeitstag in der heißen Wanne liegen ist herrlich. Nichts ist erholsamer. Wanne und Bad waren immer Orte der Entspannung. Schon die Griechen nutzten sie zur Erholung und die Römer feierten lustvolle Orgien in ihren Bädern. Eine solche kleine Auszeit im Alltag dient auch der Gesundheit. Das sollte man sich ruhig öfter gönnen.

Weintraube
Sinnesfreude, Fruchtbarkeit, Fülle

Die grüne und rote Weintraube ist ein Zeichen der Fruchtbarkeit und Natürlichkeit. Vor allen Dingen galt der rote Saft als Lebenssaft, denn die rote Farbe erinnert ans Blut. Alles an ihr drückt das pralle Leben aus. Am Wein berauschten sich Götter und Menschen gleichermaßen. So kündigt die Weintraube große Feste an, bei denen man nicht an morgen denken sollte. Das Hier und Jetzt zählt. Die belebende Wirkung verweist auf eine Wandlung, der man sich ruhig hingeben kann. Auch Verführung und Lust stecken hinter dieser Frucht.

Wiege
Kinderwunsch, neue Ideen, Anfänge, Regression, Ruhe

Eine Wiege drückt den Wunsch nach einem neuen »Baby« aus. Wenn es sich dabei nicht um ein Kind han-

W

delt, kann es auch um ein neues Projekt gehen, eine neue Idee oder einfach einen neuen Anfang.

Als Schlafstätte einer behüteten Lebensphase drücken sich durch die Wiege Sehnsüchte nach Geborgenheit und Sorglosigkeit aus. Dahinter verbergen sich manchmal regressive Tendenzen. Auch Ruhewünsche und Wonne werden mit dem Wiegen verbunden.

Wimpel – siehe Fahne

Wippe
Abwechslung, Bewegung, Hebel

Die Wippe begegnet uns an ganz unterschiedlichen Orten. Doch immer steht sie für Abwechslung: Auf dem Spielplatz sorgt sie für ein stetes Auf und Ab und am Lichtschalter für den Wechsel von Licht und Dunkel. So hilft die Wippe als Hebel dabei, etwas zu bewegen.

Sie können also ein bestimmtes Unternehmen in Angriff nehmen. Es steht Ihnen aber keine ruhige Zeit bevor, sondern es wird sich viel verändern. Dabei wechseln sich die guten mit den schlechten Zeiten ab.

W

Wolf
Gefahr, Aggression, Gewaltbereitschaft

Der Wolf versinnbildlicht oft eine Gefahr, die aus der Natur kommt und in die Kultur einbricht. Bedrohungsgefühle verbergen sich hinter diesem Symbol. Dabei meint Natur auch die triebhaften Seiten im Menschen, die in Gewalt umschlagen können. Zum Beispiel kommt das in Werwolf-Vorstellungen zum Tragen. Animalische Züge treten hervor und können nicht mehr kontrolliert werden. Auch durch die Redewendung »ein Wolf im Schafspelz« wird vor Gewaltbereitschaft gewarnt, die sich hinter vermeintlicher Sanftheit versteckt.

Wolken
Fantasie, Euphorie, Ernüchterung, Sorge

Wolken können viele Formen annehmen. Traum und Fantasie hängen mit ihnen zusammen. Das kann aber auch Weltfremdheit oder sogar den Wunsch ausdrücken, vor der Wirklichkeit zu fliehen. Zudem sind sie Stimmungsbilder. »Auf einer Wolke schweben« beschreibt einen abgehobenen, euphorischen Zustand, »aus allen Wolken fallen« die Ernüchterung danach. Ist Ihre Wolke leicht und flockig, wird die Sonne in Ihrem Leben scheinen. Eine schwere, geschlossene Wolke hingegen kündigt Sorgen und Schwierigkeiten an.

W

Würfel – auch Kubus
Festigkeit, Harmonie, Entscheidung

Der Würfel ist als Kubus solide und unveränderlich. Mit diesen Attributen drückt er eine feste Bindung in den bestehenden Zusammenhängen aus. Seine Gleichflächigkeit spiegelt dabei die Harmonie und gute Ordnung wider. Klappt man den Würfel auf, bildet er die Grundform einer Kirche, was ihn zu einem Zeichen des Glaubens macht.
Als Spielgerät steht er für eine Entscheidung, die getroffen wurde und nicht umkehrbar ist. In so einer Situation kann es nur heißen: Augen zu und durch.

Wurm
Schwäche, Ängstlichkeit, Gewissensbisse

Fühlen Sie sich schwach und hilflos? Sie können Ihre Ängste besiegen, indem Sie ihnen ins Gesicht blicken. Vielleicht ist es aber besser, sich vorher eine Weile zu erholen.
Der Wurm zeigt auch Ärger und Gewissensbisse an. Wenn Sie hier nicht rechtzeitig etwas unternehmen, werden Sie langsam zerfressen.

Z

Zahlen – siehe Einleitung, Seite 18

Zahn
Jagd, Beute, Vitalität, Ehrgeiz

Wer die Zähne zeigt, will sich durchsetzen. Mit unseren Beißern erlegen wir auf der Jagd die Beute. Vitalität, Aggressivität – es scheint so, als ob Sie bereit sind, zum Erreichen eines Zieles viel Kraft zu investieren. Ihre Konkurrenten fürchten sich schon vor Ihnen. Doch Sie sollten dabei aufpassen, sich in nichts unnötig zu verbeißen. Die ewige Hatz bindet Kräfte und verursacht woanders Schaden.
Lassen Sie sich von Ihren Freunden sagen, wenn Sie auf zu heftigem und vielleicht falschem Beutezug sind. Schenken Sie den Weggefährten Vertrauen, wenn sie Sie zum Einhalt mahnen.

Zange
Zwang, Schmerz, Anpassung

Mit diesem Gerät wird gezwickt und gezwungen. Jemanden in die Zange nehmen, verweist auf die Folter. Vielleicht befürchten Sie, eine kommende Pflicht könnte sich als sehr unangenehm herausstellen? Andererseits

Z

zieht man mit einer Zange kranke Zähne, wird also etwas Schmerzhaftes los. Und scheinbar Unpassendes lässt sich vielleicht mit etwas Geschick zurechtbiegen.

Zaun
Abgrenzung, Sicherheit, eingesperrt sein, neue Dinge

Zäune grenzen ein und ab. Es kommt immer darauf an, wo man steht. Gehört man dazu oder wird man ausgeschlossen?
Innerhalb zu sein kann bedeuten, sich eingesperrt zu fühlen, aber auch geschützt. Von außerhalb betrachtet, ist vielleicht der Weg zum Ziel versperrt. Über ihn hinwegzuschauen heißt, seine eigenen Grenzen zu überschreiten und Neues zu entdecken.

Zehe – siehe Fuß

Zeiger
Anzeigen, klären, Struktur

Bei einer Uhr zeigt er die vergehende Zeit an, an einem Messgerät eine Menge oder einen bestimmten Stand – wieviel, wovon? Für Sie gilt es, ein paar Dinge

Z

klarzubekommen. Lösen Sie eine undeutliche Situation auf. Machen Sie eine klare Ansage, räumen Sie auf. Der Zeiger wird Ihnen dann bedeuten, in welche Richtung es gehen soll um ein Ziel zu verfolgen. Struktur hilft oft, sich im Leben besser zurechtzufinden.

Zelt
Aufbruch, Abenteuer, Romantik, Unabhängigkeit

Ein Zelt lässt sich überall aufschlagen. Es ist ein provisorisches Zuhause, ein Schutzraum in der Fremde. Vor allem aber steht es für das Unterwegssein. Das bedeutet Abenteuer und neue Erfahrungen. Auch romantische Augenblicke kann man im Zelt erleben. Dort ist der Himmel näher und auch die Natur rückt ein Stück heran. Ausbruch aus Routinen, Befreiung von überkommenden Mustern, sich selbst in fremder Umgebung neu entdecken, nach Unabhängigkeit streben – all das symbolisiert das Zelt.

Zeppelin – siehe Flugzeug

Z

Zepter
Herrschaft, Autorität, Ehre

Das Zepter ist wie die Krone Symbol von königlicher oder kaiserlicher – normalerweise männlicher – Herrschaft. Seinem Träger verleiht es Autorität und Macht. Ein Mensch bekommt mit dem Zepter eine besondere Rolle verliehen. Dieser Ehre muss er sich jedoch würdig erweisen.

Ziege
Geilheit, Fruchtbarkeit, Genügsamkeit

Ziegen wurden von alters her mit den natürlichen Trieben in Verbindung gesetzt. Besonders die männliche Ziege, der Bock, ist Ausdruck von Geilheit. Die weibliche Ziege wurde als nährendes Wesen, Zeichen für Fruchtbarkeit, verstanden. Außerdem versinnbildlicht sie eine zänkische Frau, eine Zicke oder ein ungestümes, nerviges Junges, das ständig meckert.
Ziegen überleben auch in dürren Gegenden. Von Natur aus sind sie genügsame Tiere und mit wenig glücklich. Mit dem, was man hat, zufrieden zu sein, das ist nicht immer einfach. Aber manchmal bleibt fürs Erste nichts anderes übrig.

Z

Zigarette

Vergebliche Hoffnungen, Erwachsensein, Sorglosigkeit, Abhängigkeit

Viel Rauch um nichts. So verhält sich das mit der Zigarette. Wie Nebel oder Dunst aufsteigt, so verblasst gar manche Hoffnung. Bei Jugendlichen drückt sich mit dem Glimmstengel oft der Wunsch nach dem Erwachsensein und damit nach Unabhängigkeit aus. Die Zigarette soll aber auch beruhigen und man kann sich vermeintlich an ihr festhalten. Dahinter stehen oft Unsicherheit, Nervosität und Angst. Allerdings kann sich in diesem Symbol auch eine gewisse Sorglosigkeit und damit Leichtigkeit spiegeln, was wiederum glückbringende Momente schafft. Rege geistige Aktivität geht so mit Abhängigkeit einher.

Zitrone

Enttäuschung, Bitterkeit, Trauer

So hart das auch ist: Machen Sie sich auf eine Enttäuschung gefasst. Etwas Unschönes wird geschehen. Etwas, das Ihnen sauer aufstößt und Bitterkeit zur Folge hat. Es ist gut möglich, dass es mit Ihrem Partner zu tun hat, oder mit einer Person, die Sie begehren. Doch auch das wird vorbeigehen.

Z

Oder es stellt sich am Ende heraus, dass die Christen mit ihrer Interpretation recht behalten: Sie sehen diese Frucht als Symbol für die Treue.

Zweig
Frieden, Herkunft, Halt, Wachstum

Der Zweig ist ein Kulturen übergreifendes Symbol für Frieden und Freundschaft. Seine Verbindung zum Stamm, und von dort zu anderen Zweigen, steht für die Zugehörigkeit zu familiären, aber auch geistesschulischen Vorfahren und Traditionen. Sich diese genau anzuschauen, bringt Erkenntnis.
Ein kleiner Spross, der noch kein fester Ast ist, steht für wachsende und gedeihende Entwicklungen, auch solche der Persönlichkeit.

Zwerg – auch Gnom
Schattendasein, Glück, Naturverbundenheit

Niemand möchte im Leben gerne ein Zwerg sein. Es bedeutet, übersehen zu werden und im Schatten »der Größeren« zu stehen. Vielleicht ist dahinter der Wunsch nach etwas mehr Aufmerksamkeit verborgen? Das muss aber nicht so sein. Zwerge hüten oft verborgene Reichtümer und sind deshalb auch Glücksbringer.

Heute Ausdruck von Biederkeit, führte der Gartenzwerg ursprünglich die Naturgeister an. Als Erdwesen drückt er so den Wunsch nach einem natürlichem Leben aus.

Zwiebel
Schutz, Klugheit, Unsensibilität

Sie brauchen keine Tränen vergießen – die Zwiebel ist ein gutes Gemüse! Sie bringt die nötige Schärfe ins Essen und schützt vor allerlei Unbill. Deswegen wird sie traditionell über die Haustür gehängt.

Oder will die Zwiebel vielleicht auf kommenden Nachwuchs hinweisen? In China kündigt sie die Geburt eines Sohnes an und steht allgemein für Klugheit. Bei so viel Gutem gibt es nur eins, was nachdenklich stimmen könnte: Unter ihren vielen Häuten versteckt manch einer seine Gefühle und neigt zur Unsensibilität.

Zylinder – siehe Hut

Alphabetisches Register

Alphabetisches Register

Alphabetisches Register

Alphabetisches Register

Alphabetisches Register

Alphabetisches Register

Alphabetisches Register

Alphabetisches Register

Verzeichnis: CORONA Hamburg

Das Lenormand Orakel der Sterne

Christiane Herber

Christiane Herber hat ein sachliches Buch geschrieben, in dem sie das göttliche Wissen (Orakel) mit dem geheimen menschlichen Wissen der Mlle Lenormand zu einer Einheit verbindet. Wahrsagen und die Zukunft zu verstehen ist nun leicht gemacht.

Im Lenormand Orakel werden neben dem Orakelstern noch verschiedene andere gängige Legetechniken angeboten.

Das besondere an diesem Buch ist, dass Sie mit nur einer Karte ihre Zukunft in all ihren Aspekten erkennen.

Kurz • knapp • sachlich • einprägsam

In der Kürze liegt die Würze!

Buch: 112 Seiten, kartoniert
Euro 10,90 / SFr. 19,70
ISBN 978-3-934438-38-5

Verzeichnis: CORONA Hamburg

Das Tierorakel
Set: Kartendeck und Buch

Antje Gehling

Wie Sie wissen, verbindet jeder Mensch interessanterweise einen Bären mit Kraft und Stärke, eine Eule mit Weisheit und einen stolzen Hahn mit einem aufgeblasenen Gockel, der durchaus männlichen Geschlechts sein kann. Das Tierorakel nutzt diese natürlichen Verbindungen und schöpft Unglaubliches aus ihnen.

Die Karten teilen Ihnen unter anderem mit, welche Angelegenheiten in der Vergangenheit wichtig waren und offenbaren Dinge, die in der Gegenwart und in der Zukunft eine wesentliche Rolle spielen werden.

Wagen sie sich mutig an diese Form von Orakel heran. Lassen sie sich überraschen, wie leicht Sie die Bedeutung der Karten verstehen werden, denn es gibt zu jedem Legeschema einzelne Beispiele aus der Praxis mit einer kompletten Deutung.

Buch 154 Seiten, kartoniert, Format: 13,0 cm x 18,5 cm
+ Kartendeck: 36 Karten, Kartenformat: 5,7 cm x 8,9 cm
Set-Preis: Euro 22,-- / SFr. 38,60
ISBN 3-934438-34-2
ISBN 978-3-934438-34-7

Verzeichnis: CORONA Hamburg

Die Sonne zeigt dir was du kannst

Monika Piper-Albach

Dein Sternzeichen, die Geburtsstunde und der damalige Stand deiner Sonne, zeigen dir, wer du wirklich bist und was du kannst!

Sicherlich haben auch Sie schon mehrere Vertreter von ein und demselben Sternzeichen erlebt und Sie wunderten sich, dass nur wenige sich wirklich ähnelten. Während z.B. ein Fischetyp zu einem erfolgreichen Geschäftsmann wird, ist ein anderer Vertreter dieses Sternzeichens äußerst sensibel, künstlerisch veranlagt und fast weltfremd zu nennen.

Warum das so ist, darauf gibt die Autorin Antworten, die selbst für Laien gut verständlich sind. Sie beschreibt präzise die astrologische Sonnenentsprechung jedes Menschen, welche die herausragendesten Eigenschaften eines Charakters zum Vorschein bringt. Mithilfe von Tabellen können Sie für sich und andere sehr leicht ermitteln.

336 Seiten m. Grafiken und Abbildungen
gebunden, Format: DIN A 5
Euro 24,90 / SFr. 43,70
ISBN 978-3-934438-33-0

Verzeichnis: CORONA Hamburg

Wobei Engel helfen können
Sachbuch — Ratgeber

Halina Kamm

Dass uns Engel helfen, daran glauben viele. Doch machmal spüren oder erkennen wir die Hilfe nicht oder erst zu spät, dann, wenn wir schon längst einen anderen Weg hätten einschlagen sollen.

Damit Menschen rechtzeitig die wundervollen Gaben der Engel erkennen mögen beantwortet die Autorin Halina Kamm Fragen bezüglich des Ursprungs, Ihres Wesens und der Verschiedenartigkeit der Engel bis hin zum täglichen Umgang mit Ihnen. Sie erzählt nicht nur unglaubliche Geschichten und spannende Storys aus ihrem und dem Leben anderer Menschen, die durch Hilfe der Engel, mehr als nur normales erhalten haben, sondern sie zeigt auch auf, wie weit die Hilfe der Engel in den Alltag reicht.

136 Seiten, kartoniert
Euro 14,90 / SFr. 26,80
ISBN 978-3-934438-36-1

Erhältlich im Buch und Fachhandel

Fordern Sie bitte unser Gesamtverzeichnis an!
CORONA • Postfach 76 02 65 • 22052 Hamburg
Tel: 040 - 642 210 22 Fax: 040 - 642 210 23
E-Mail: Corona-Hamburg@t-online.de
www.coronaverlag.de